Detlef Jäschke

Mindmaps

Kreativ Ideen sammeln, strukturieren und organisieren

POCKET BUSINESS TRAINING

Cornelsen

Verlagsredaktion: Erich Schmidt-Dransfeld
Technische Umsetzung: Holger Stoldt, Düsseldorf
Umschlaggestaltung: Ellen Meister, Berlin
Titelfoto: Christian Hoehn / gettyimages®

Informationen über Cornelsen Fachbücher und Zusatzangebote:
www.cornelsen.de/berufskompetenz

1. Auflage

Druck: Druckhaus Berlin-Mitte GmbH

ISBN 978-3-589-23433-2

Inhalt gedruckt auf säurefreiem Papier
aus nachhaltiger Forstwirtschaft.

Inhalt

Vorwort

Sie haben zu diesem Pocket Training gegriffen und gehören damit zu den Menschen, die wissen, was Mindmaps sind. Sicher möchten Sie mehr darüber erfahren und Ihre Fertigkeiten in der Anwendung weiter ausbauen. Lassen Sie uns zuvor gemeinsam das Grundlegende zu Mindmaps resümieren und einen gemeinsamen Gedankenstand herstellen. Das scheint mir wichtig, denn in meinen Seminaren und Workshops zu Arbeitstechniken treffe ich gelegentlich auf Teilnehmer, die Mindmaps noch gar nicht kennen und, das ist das Entscheidende, sehr oft auf Menschen, die dazu einseitige Vorstellungen haben.
Mindmaps zählen zu den Kreativitätstechniken und der Begriff Kreativität löst oft einige Missverständnisse aus. Denn darunter wird sehr Unterschiedliches verstanden und oft wird der Begriff sehr eng ausgelegt. Dann tauchen unweigerlich im Seminaralltag, wenn es sich nicht gerade um den Kreativ- oder Marketingbereich handelt, die Fragen auf: *„Wozu brauche ich eigentlich Kreativitätstechniken? Wie sollten wir das einsetzen? Das ist doch etwas für den Kreativbereich, für Werbung und Marketing?"* Und wenn jemand beispielsweise noch in der Ausbildung oder im Studium steckt, schließt sich an: *„Was soll ich denn in meiner Ausbildung damit anfangen?"*

Kreativität umfasst jedoch viel mehr und entsprechend leisten auch Mindmaps deutlich mehr:

> Im Endeffekt bietet ein Mindmap eine denkbar einfach zu erlernende und umzusetzende Arbeitstechnik, die gezielt bei der Findung von Lösungen hilft. Ein Mindmap spart viel Zeit beim Suchen nach besseren Alternativen und schafft in kürzester Zeit Struktur.

Falls Sie zur Sprechweise irritiert sind, folgende Zwischenbemerkung: Wir nutzen hier „das Mindmap" (bzw. „ein

Mindmap“), der Duden lässt auch „die Mindmap“ (bzw. „eine Mindmap“) zu.
Aber zurück zum Kern: Haben Sie schon einmal überlegt, wie häufig Sie am Tage nach anderen oder besseren Lösungen für das eine oder andere Problem suchen? Beobachten Sie dies einmal ganz bewusst. Es ist häufiger der Fall, als wir es normalerweise wahrnehmen. Mindmaps helfen also bestens im (beruflichen und privaten) Alltag und fallen nicht nur in die Rubrik Kreativitätstechnik, sondern auch in die Bereiche Organisieren und Zeitmanagement.

Wie schon erwähnt, ist die Technik leicht zu erlernen und sie macht darüber hinaus Spaß. Das werden Sie schnell feststellen, sobald Sie selbst die ersten nicht mehr ganz simplen Mindmaps erstellt haben. Übrigens können Sie die Technik gleichermaßen allein wie im Team nutzen. Ein weißes Papier und ein Stift reichen schon aus, um beginnen zu können.

Das vorliegende Buch folgt diesen Fragestellungen:

- Was ist ein Mindmap genauer?
  Kapitel 1 ordnet Mindmaps in die Arbeitstechniken ein.
- Warum funktionieren Mindmaps so gut?
  Für die Antwort ist es hilfreich, die psychologischen Hintergründe der „Gedankenkarten“ (oder „Gedächtniskarten“, wie manchmal übersetzt wird) besser zu verstehen, und Kapitel 2 befasst sich deshalb mit den Vorgängen im Gehirn.
- Wie erstellt man Mindmaps?
  Kapitel 3 bietet Voraussetzungen und Grundlegendes zum Vorgehen, Kapitel 4 stellt einzelne Techniken näher dar.
- Wo bzw. wozu lassen sich Mindmaps einsetzen?
  Aus der schier unendlichen Fülle möglicher Anwendungen wird in Kapitel 5 eine wesentliche Auswahl näher vorgestellt. Hier liegt das Herzstück des Buches, wo jeder etwas zu seinem Arbeitsbereich finden sollte und an-

hand zahlreicher Beispiele erfährt, wie man die Mindmaps in der praktischen Arbeit unter verschiedenen Voraussetzungen anwenden kann.

- Welche (Arbeits- und Umgebungs-)Bedingungen sind förderlich?
  Kapitel 6 informiert darüber, in welchem Umfeld Kreativität am besten gelingt.

Sie benötigen für das Durcharbeiten keine bestimmten Vorkenntnisse. Mindmaps haben die verblüffende Eigenschaft, dass sie einfach sind und dennoch eine breite Anwendung haben. So wendet sich das Buch an jeden, der im Beruf oder im Privatleben Mindmaps nutzen möchte.

Auf einfacher Ebene ist dies überhaupt nicht kompliziert und gelingt mit üblichen Hilfsmitteln. Das Thema „Material“ wird in Kapitel 3 angesprochen. Aber natürlich lassen sich mit Mindmaps auch und gerade sehr komplexe Probleme angehen und strukturieren, wobei die EDV sehr hilfreich sein kann. Es gibt mittlerweile zahlreiche Softwareangebote auf dem Markt. Sie reichen von Shareware bzw. Demo- und Einstiegsversionen, die oft schon kostenlos im Internet zum Downloaden angeboten werden, bis zu Profiprogrammen. Darauf gehe ich in diesem Buch nicht weiter ein. Wenn Sie gelernt haben, grundständig mit Mindmaps umzugehen, werden Sie sich das (technische) Bedienerwissen, je nach der Software differenziert, anschließend entweder selbst erschließen können oder Sie sollten es sich bei Bedarf in einem Seminar speziell zum (Profi-)Programm aneignen.

Ich wünsche Ihnen beim Lesen viel Erfolg und Freude.

Tübingen, im Sommer 2009

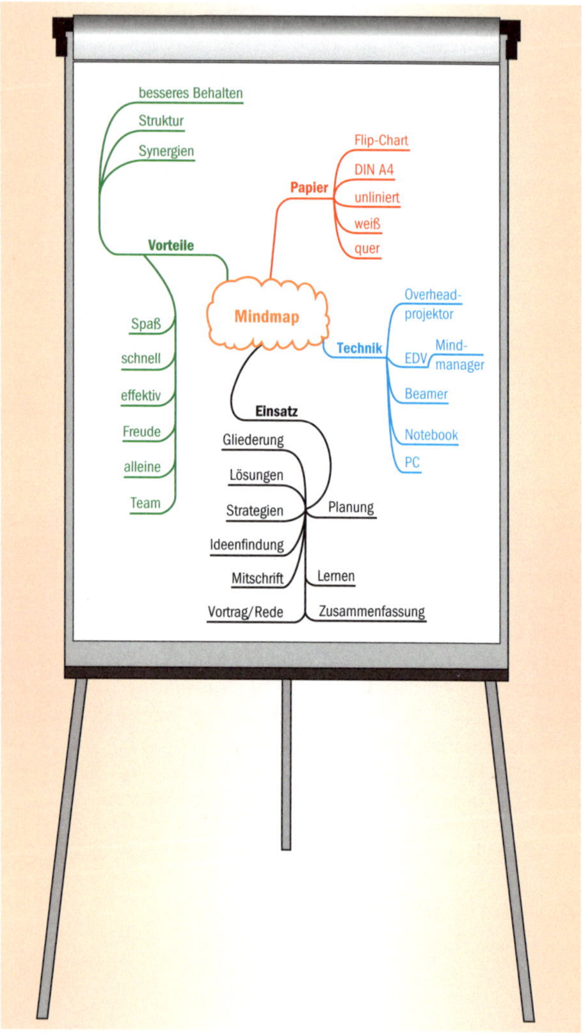
Mindmap
Vorteile
besseres Behalten
Struktur
Synergien
Spaß
schnell
effektiv
Freude
alleine
Team
Papier
Flip-Chart
DIN A4
unliniert
weiß
quer
Technik
Overhead-
projektor
EDV
Mind-
manager
Beamer
Notebook
PC
Einsatz
Gliederung
Lösungen
Strategien
Ideenfindung
Mitschrift
Vortrag/Rede
Planung
Lernen
Zusammenfassung

1 Einführung

1.1 Mindmaps als Arbeitstechnik

Warum befassen Sie sich mit Mindmaps? Ich ahne, dass Sie nach einem effizienten, vielfältig nutzbaren Instrument suchen, um Ihre Aufgaben besser zu entwickeln bzw. zu strukturieren. Sie kennen die Grundstruktur eines Mindmaps und einige Anwendungen und haben gehört, dass die Methode trotz ihrer Einfachheit noch viel mehr hergibt. Damit sind Sie in bester Gesellschaft, denn in der heutigen Zeit werden immer stärker neue und innovative Arbeitstechniken im Arbeits- oder Lernprozess gewünscht, verlangt oder gar gefordert. Das gilt in erster Linie für das Berufsleben, aber auch für die Ausbildung und teilweise sogar für das Privatleben.

Es reicht fast nirgends mehr aus, sich in seinem Fachgebiet gut auszukennen, sondern es wird neben den rein fachlichen Qualifikationen das verlangt, was in der Fachliteratur mit Methoden- und Sozialkompetenzen umrissen wird. Dazu zählen zum Beispiel EDV-Anwendungen oder Sprachen und in jedem Fall gehören Arbeitstechniken dazu. Beispielsweise schaffen wir kaum mehr unsere Aufgaben ohne ein ausgefeiltes Zeitmanagement. Gefragt sind natürlich auch stark Kommunikationsfähigkeit, Präsentations-, Moderations- und nicht zuletzt Kreativitätstechniken. Zu den bekanntesten Kreativitätstechniken dürfte das Brainstorming gehören und eine weiter greifende Technik ist das Arbeiten mit Mindmaps.
Auch wenn oben gerade die heutigen Zeiten beschworen wurden, ist das Phänomen der ständigen Anpassung an Neues nicht wirklich neu. Beispielsweise sagte schon Goethe: *„... wir müssen alle fünf Jahre umlernen, wenn wir nicht ganz aus der Mode kommen wollen."* Und Peter Ustinov ergänzte Goethe für die heutige Zeit: *„Es ist von grundlegender Bedeutung, jedes Jahr mehr zu lernen als im Jahr davor."*

Nicht das Phänomen ist also neu und es ist auch keines unseres modernen Managements, sondern die Beschleunigung und Intensivierung, die wir alle empfinden, ist die neuartige Herausforderung. In den Arbeitsprozessen – und übrigens auch in vielen Lernprozessen – nimmt der Faktor Zeit eine bestimmende Größe ein. Deshalb ist es unverzichtbar, sich in seinen Arbeitstechniken diesen Gegebenheiten anzupassen: Einfachst, schnell zu erlernen, effizient und praktisch bis pragmatisch sollen sie sein. Mindmaps erfüllen diese Kriterien herausragend. In erster Linie sind sie eine Kreativitätstechnik, wobei wir den Begriff so verstehen:

> Kreativität, lateinisch creatio (Schöpfung), beschreibt den Prozess, sinnvolle, aber unkonventionelle Lösungen zu finden.

Die selbstständige und unabhängige Beschäftigung mit Kreativitätstechniken – als Produkt geistiger Arbeit – fördert über direkte Arbeitsergebnisse hinaus natürlich auch die eigene Kompetenz. Damit wird Kreativität (weiter) entwickelt und es werden Potenziale ausgebaut.
Umso erstaunlicher ist, dass nur ein ziemlich kleiner Prozentsatz der deutschen Unternehmen regelmäßig und gezielt Kreativitätstechniken anwendet. Gerade in Zeiten wirtschaftlicher Unsicherheit und veränderter Marktbedingungen ist es umso notwendiger, sich mit innovativen und kreativen Konzepten zu behaupten.

Mindmaps leisten, wie im Vorwort schon angesprochen, nicht nur Ideenfindung und Problemlösung. Sie helfen als breit nutzbares Instrument bei der Strukturierung – also in vielen unterschiedlichen Fällen von Anwendung. Beispielsweise unterstützen sie durch die Strukturierung Lern- oder Einarbeitungsprozesse, sie erleichtern Arbeitsabläufe oder sie verkürzen Besprechungen. Das bringt nicht nur bessere Lösungen, sondern spart auch Zeit: Mindmaps können deshalb zugleich als ein Element dem Zeitmanagement zugerechnet werden.

1.2 Die grundlegenden Anwendungsbereiche von Mindmaps

Mindmaps im Beruf

Jeder kennt die Situation, dass man etwas schnell entwickeln muss. Es eilt, und dennoch sollte man, ja muss man zu guten Ergebnissen kommen.

Typische Beispiele sind …

- Der Chef möchte noch schnell eine Präsentation zu einem Arbeitsbereich.
- Man darf kurzfristig einen Kollegen bei der Begrüßung neuer Kunden vertreten.
- Eine Rede zum Jubiläum steht an. Das weiß man zwar schon lange, hatte aber nie die Zeit, mit der Ausarbeitung zu beginnen, und nun ist es plötzlich eilig.
- Man sucht, aber findet mal wieder nicht den roten Faden bei der Erarbeitung eines Themas.
- Die Agenda für eine Besprechung soll sinnvoll mit „Leben" gefüllt werden und dabei so, dass die Sitzung nicht zeitlich aus dem Ruder läuft. Zu klären ist also: Was genau wollen wir besprechen?
- Man sucht schnell Lösungen bei entstandenen Problemen.

Vor solchen und ähnlichen Problemen steht man im Job als Einzelperson oder auch als kleine Gruppe von Mitarbeitern. Letzteres ist besonders herausfordernd, wenn die Gruppe inhomogen ist und kein Team, das sich längerfristig konstituiert und seine Arbeitsweise bereits gefunden hat.
Wir möchten Ihnen zeigen, wie Sie mit der Mindmap-Methode für solche Aufgaben nicht nur Ideen finden und Lösungen erarbeiten können, sondern wie dies in kürzest möglicher Zeit bewältigt werden kann. Das ist nicht zuletzt interessant, um Vorträge auszuarbeiten und Reden zu strukturieren, die typische Zeitfresser sind und doch oft aus terminlichen Gründen dringend vorbereitet werden müssen.

Vielleicht sind Sie jetzt skeptisch und fragen sich, ob und wie dies funktionieren kann. Nehmen wir den Ansatz vorweg, auf dem Mindmaps aufbauen: Sie machen sich die Vernetzung einzelner Gehirneinheiten zu Nutze, die zu verschiedenen Arealen zusammengeschlossen sind, was uns bei der notwendigen Verarbeitung von Informationen hilft. Dies findet im limbischen System statt. Aber dazu später in Kapitel 2 über das Gehirn.

Mindmaps in Schule, Ausbildung/Studium und Weiterbildung

Lernen wird schwierig, wenn große Stoffmengen zu bewältigen sind und noch schwieriger, wenn der Stoff unstrukturiert daherkommt.

Einige Beispiele

- Wie lässt sich mit der schlecht gegliederten Mitschrift einer Unterrichtsstunde oder Vorlesung später doch noch etwas anfangen? Wie kann man sie „retten“ und kann man in der nächsten Stunde gleich geschickter mitschreiben?
- Wie bekommt man den Inhalt eines Fachartikels oder gar Buches in den Kopf?
- Wie lassen sich Vokabeln, Fachbegriffe, Formeln u.Ä. lernen, vor allem wenn die Methoden versagen, die darauf abzielen, einen Sinn in die Sache hineinzubekommen?

Mindmaps leisten hier doppelt Hilfe. Sie sind ein Instrument zur effizienten Tagesplanung und sie bieten eine Methode, um den Stoff an sich verdaulich zu machen: Vokabellernen, Zusammenfassen von Texten, Textkonzeptionen und Strukturierung komplexer Sachverhalte sind typische Einsatzbereiche.
Da bringen Mindmaps nicht nur Erfolg, sondern auch Spaß in die Sache.

Mindmaps in Freizeit und Privatbereich

Wann greifen Sie typischerweise zu Papier und Stift, um ein privates „Projekt" in den Griff zu bekommen?

Einige Beispiele

- Ein größeres Fest soll geplant werden – wer ist einzuladen, wie kann das ablaufen, was muss eingekauft werden, was muss in welcher Reihenfolge vorbereitet werden, woran ist sonst alles zu denken ...?
- Sie wollen mit einer größeren Zahl Familienmitglieder – vielleicht von Baby bis Urgroßeltern – eine Urlaubsreise mit differenzierten Programmpunkten auf die Beine stellen?
- Oder ist endlich Ihr neues Domizil in Sicht, in das auch die Großeltern mit einziehen werden? Egal, ob eigenes Haus inklusive Einliegerwohnung, zwei gemietete Etagenwohnungen im selben Haus oder gar ein Projekt für das Zusammenleben der Generationen: zwei Umzüge stehen an und dabei soll der eine Hausstand gleich auch noch eingedampft werden ...

Im Privaten und in der Freizeit, aber auch im sozialen Bereich (siehe das Beispiel zum Generationenwohnen), oder Verein lässt sich mit einem Mindmap einiges Nützliche organisieren.

> Überall dort, wo ein organisatorischer Aufwand besteht, hilft Ihnen ein Mindmap, an alles zu denken und den Ablauf zu strukturieren.

Und das nicht als lästiger „Papierkram" (vor dem Sie nach dem Job ja eigentlich Ihre Ruhe haben wollen), sondern auf eine Weise, die sogar Spaß macht. Dies gelingt umso besser, je mehr Sie ein wenig künstlerische Ausgestaltung in Ihr Mindmap hineinstecken. Doch auch dazu später mehr, in Kapitel 3.

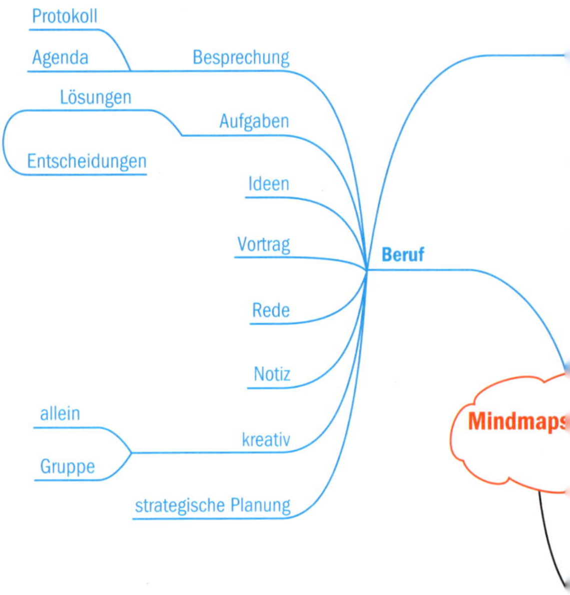
Protokoll
Agenda
Besprechung
Lösungen
Aufgaben
Entscheidungen
Ideen
Vortrag
Beruf
Rede
Notiz
allein
kreativ
Gruppe
strategische Planung
Mindmaps

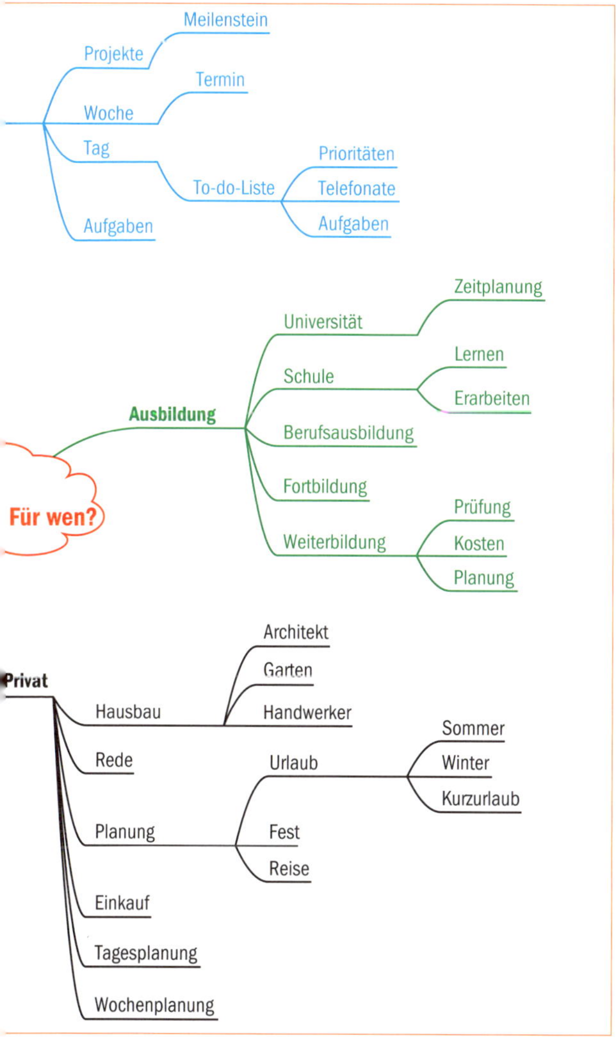
Meilenstein
Projekte
Termin
Woche
Tag
Prioritäten
To-do-Liste
Telefonate
Aufgaben
Aufgaben
Zeitplanung
Universität
Lernen
Schule
Erarbeiten
Ausbildung
Berufsausbildung
Fortbildung
Für wen?
Prüfung
Weiterbildung
Kosten
Planung
Architekt
Garten
Privat
Hausbau
Handwerker
Sommer
Rede
Urlaub
Winter
Kurzurlaub
Planung
Fest
Reise
Einkauf
Tagesplanung
Wochenplanung

1.3 Wie arbeiten Sie mit diesem Buch?

Sie brauchen dieses Buch nicht linear durchzuarbeiten, sondern Sie können seine Struktur wie ein Mindmap verstehen. Mir scheint nur wichtig, dass Sie zunächst die Kapitel 1 bis 3 hintereinander lesen, denn damit gelangen Sie bis an den Punkt, wo das Entscheidende losgehen kann: nämlich dass Sie mit einem ersten kleinen Mindmap beginnen und selbst aktiv werden.

In welcher Reihenfolge Sie die weiteren Themen des Buches dann verfolgen, ist Ihnen überlassen: Entweder kümmern Sie sich erst um den Ausbau Ihrer Technik und bearbeiten Kapitel 4 oder Sie gehen direkt in die Anwendungen und suchen sich Passendes aus Kapitel 5 aus. Oder umgekehrt. Oder Sie richten erst einmal mithilfe von Kapitel 6 Ihr kreatives Umfeld ein wenig besser ein.

Die einzelnen Anwendungen in Kapitel 5 lassen sich übrigens unabhängig voneinander lesen. Dabei ist es nicht verboten ☺, dass Sie in einer Anwendung schmökern, die Sie gar nicht betrifft – oder sagen wir besser: vermeintlich nicht betrifft. Denn in jeder Anwendung wird ein weiteres Stück der Technik vorgeführt und was Sie dabei lernen, können Sie vielfach sinngemäß in Ihren Anwendungsbereich übertragen.

> Die Anwendung von Mindmaps zu „lernen", das bedeutet Tun und Üben, mit dem eigenen Tun zu wachsen.

Gehen Sie es an. Beginnen Sie mit einem ersten kleinen Mindmap, fangen Sie im privaten Bereich an, da gibt es keine fachlichen Hürden. Planen Sie zum Beispiel einfach einen Kindergeburtstag oder eine Grillfeier.

2 Das Gehirn

2.1 Einführung

Mindmaps als gehirnrechte Arbeitstechnik arbeiten vor allem Denk- und Arbeitsblockaden entgegen. Eine Arbeitsblockade besteht häufig dann, wenn man permanent zwischen rationaler und emotionaler Sicht hin- und herpendelt und keinen klaren Gedanken mehr fassen kann. Durch die Verbindung der emotionalen mit der sachlichen Hemisphäre bauen wir eine Brücke zwischen beiden Welten.
Hier greift der Ansatz von Tony Buzan, er gilt als Begründer der Mindmap-Technik und wir kommen auf seine Person später zurück. Sein Ansatz zu Mindmaps geht davon aus, dass wir überlicherweise die vorhandene Kapazität des Gehirns nur zu einem geringen Teil nutzen und die beiden Gehirnhälften nicht vernetzen und damit nicht effektiv nutzen. Mindmaps helfen, die rechte und linke Gehirnhälfte bei der Problemlösung einzubeziehen.

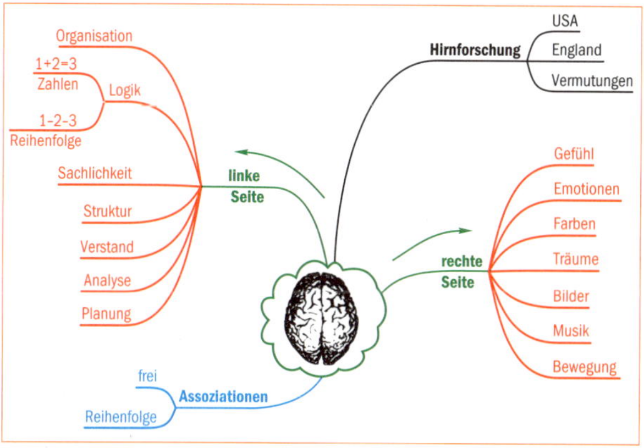

Veranschaulichung der „Zuständigkeit“ der linken und der rechten Gehirnhälfte als Zentrum, von dem alles ausgeht

2.2 Sind Sie kreativ?

Bei der Einschaltung der rechten Gehirnhälfte sind wir sofort beim Thema Kreativität und häufig werde ich in Seminaren gefragt: „*Kann man denn Mindmapping überhaupt erlernen, wenn man gar nicht kreativ ist?*“ Es geht!

> Die persönliche Haltung und das Interesse an neuen Fragestellungen und eigener Weiterentwicklung sind ein entscheidender Schlüssel für die kreative Arbeit.

Diejenigen, die sich kreativ empfanden, haben ihre Fähigkeiten genutzt. Zum einen liegen die in der Konzentrationsfähigkeit und in einem reichen Wortschatz, der es ihnen erlaubt, die Eingebungen klar und unmissverständlich zu formulieren. Andere Eigenschaften sind vernetztes Denken und der Anspruch, sich nicht mit einer Lösung zufriedenzugeben und auch mal unkonventionelles Denken zuzulassen.

Tipp

Trauen Sie sich, Ihren Ideenreichtum zu formulieren und mutig an neue Fragestellungen heranzugehen.

2.3 Rechte und linke Gehirnhälfte

Alles, was wir lernen und was unser Verhalten steuert, findet aus neurologischer Sicht im Gehirn statt. Das Nervensystem transportiert Befehle weiter und macht so deutlich, dass das Gehirn eine hoch komplizierte Struktur besitzt.
Erste Erkenntnisse über das Gehirn und die damit zusammenhängenden Nervenbahnen erlangte man bereits ca. 300 v. Chr. Viele Wissenschaftler und Philosophen suchten seitdem in den letzten Jahrhunderten und Jahrtausenden nach Erklärungen über die Aufgabe und Funktionsweise des Gehirns und des Nervensystems. Sie kamen zu dem Schluss, dass es ein Dreikammermodell geben könnte, und zwar:

- Die erste Kammer hat die Aufgabe der Wahrnehmung und Einsicht (cellula rationalis),
- die zweite Kammer führt zur Erkenntnis und zum Urteil (cellula logistica),
- die dritte Kammer speichert die Ergebnisse der ersten und zweiten Kammer.

Damit wurde der Grundstein für die Annahme gelegt, dass eine rechte und linke Gehirnhälfte existieren könnten. Heute nehmen wir an, dass bei den Hominiden (d.h. bei den Menschen und den Gattungen, aus denen sich die Menschen entwickelt haben) eine erkennbare funktionale Asymmetrie des Gehirns besteht.

Man geht davon aus, dass sich

- in der linken Hälfte des Gehirns die sprachlichen, arithmetischen und begrifflichen Funktionen und
- in der rechten Hälfte des Gehirn Musikalität und räumliches bzw. bildliches Vorstellungsvermögen entwickeln.

Das Gehirn betreibt ökonomische Arbeitsteilung. Die Netzwerke vieler Nervenzellen sorgen für die Speicherung von Erinnerungen.

Ein Beispiel: Wie wird die Erinnerung an ein bestimmtes Fahrzeug, das wir auf der Straße sehen, gespeichert?
Die einzelnen Informationen über Farbe, Form und Funktion (z.B. Cabrio, Lkw usw.) werden im Gehirn an verschiedenen Orten gespeichert.
Man könnte vermuten, dass sie in der gleichen Region gespeichert werden, die auch für die Wahrnehmung dieser Eigenschaft verantwortlich ist. Die Form des Fahrzeugs wird an einer anderen Stelle verarbeitet als die Farbe des Fahrzeugs. Jedes Merkmal hat seinen Speicherplatz und kann in Bruchteilen von Sekunden wieder zusammengefügt werden und das komplette Fahrzeug wieder vor den Augen erscheinen lassen.

Die beiden Gehirnhälften weisen zwar Unterschiede auf, doch das für Emotionen verantwortliche limbische System sitzt in der Mitte und die Aufteilung in Emotionen rechts und Ratio links ist so nicht ganz haltbar. Es gibt jedoch funktionale Aspekte, die darauf hindeuten, dass z.B. einige Sprachzentren in der linken Seite angesiedelt sind.
Die Hirnforschung ist hier schon weit fortgeschritten. Eindeutige und abschließende empirische Beweise für die Behauptung, dass aufgrund von Untersuchungen, Beobachtungen und Vermutungen in der linken Großhirnhälfte die Befehle des logischen Denkens und auf der rechten Seite die emotionalen, kreativen Verknüpfungen angesiedelt sind, wurden aber noch nicht angetreten.
Als erwiesen kann man jedoch ansehen, dass es Menschen gibt, die Informationen besser verstehen und behalten, wenn sie den Text lesen, andere wiederum besser, wenn sie durch eine multiple Kodierung über Bilder, Farben oder Filme die Informationen verarbeiten. Hier werden zusätzlich imaginäre und visuelle Reize kodiert.
Wie so oft in der Wissenschaft arbeiten wir mit Modellen, für die viel spricht und die Ableitungen zulassen, die sich in der Praxis schlicht bewähren und Erfolg zeigen.

2.4 Was macht eine Information verständlich?

Lassen Sie zunächst die beiden folgenden Mindmaps auf sich wirken:

Die vier Verständlichmacher

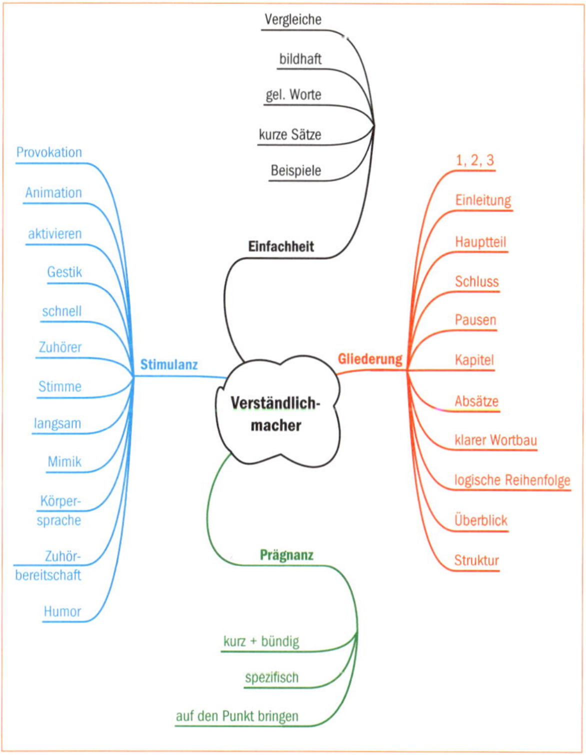

Was die vier Verständlichmacher umfassen

Sicher haben Sie bemerkt, dass Sie durch diese beiden Mindmaps rasch das Wesentliche über verständliche Informationen aufgenommen haben. Es wäre viel schwieriger gewesen, alles detailliert aufzuschreiben. Das, was wir in der mündlichen Kommunikation gut verarbeiten können, wird in der Schriftlichkeit in der Regel zu ausführlich oder zu aufwändig. Vieles können wir auch nicht so einfach transportieren wie mit gesprochenen Worten.

Was macht verständliche Kommunikation aus?	
Verständlichkeit = Information für den Zuhörer passend machen	
Einfach sprechen:	◆ kurze Sätze ◆ geläufige Wortwahl ◆ bildhaft ◆ Beispiele ◆ Vergleiche
Gliederung – übersichtlich sprechen:	◆ 1,2,3 ◆ Einleitung - Hauptteil - Schluss ◆ Pausen ◆ Absätze ◆ klarer Satzbau ◆ logische Reihenfolge ◆ Überblick
Prägnanz – prägnant sprechen:	◆ kurz und bündig ◆ auf den Punkt bringen
Stimulanz – anregend sprechen:	◆ Stimme ◆ schnell - langsam ◆ Gestik und Mimik ◆ Körpersprache ◆ Zuhörbereitschaft ◆ Zuhörer einbeziehen ◆ aktivieren, animieren ◆ Provokation ◆ humorvoll

Gerade hier bieten Ihnen Mindmaps sehr viele Parallelen:

- Die Kürze erreichen wir durch die Verwendung von Substantiven und nur einzelnen Begriffen.
- Durch Symbole und Zeichen, am besten in Farbe, erreichen wir Verknüpfungen auf der imaginären und der emotionalen Ebene.
- Übersichtlichkeit und besonders Struktur sind elementar für die Verarbeitung von Informationen und für die Entwicklung von neuen Ideen. In diesem Fall leisten Mindmaps ganze Arbeit.

Wann behalten Sie Informationen am besten?

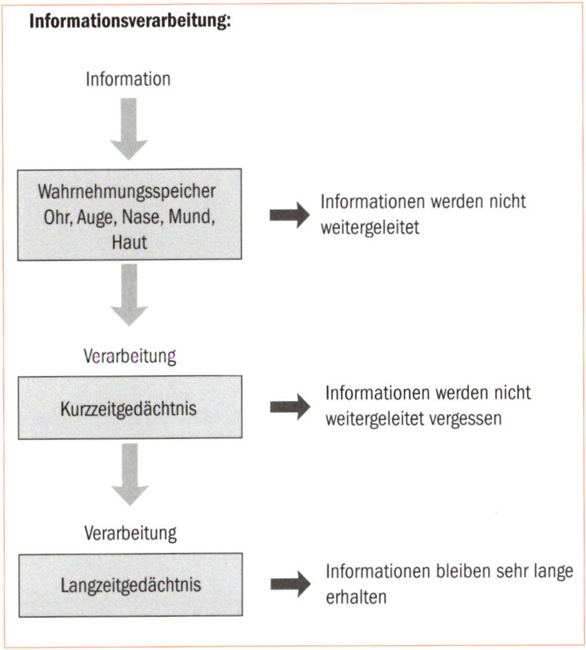

Fassen wir nochmals zusammen: Die Aufnahme und die Verständlichkeit der Informationen werden durch die Verständnismacher begünstigt, und das sind:

- Einfachheit der Sprache und optische Darstellungen
- strukturiertes Vorgehen
- prägnantes Vorgehen und
- zusätzliche Stimulanz (z.B. Fragen, Beispiele)

Wir verarbeiten nur Informationen, wenn wir sie auch verstanden und nachvollzogen haben, also wenn sie logisch und strukturiert sind.

3 Mindmap

3.1 So können Sie Ihr eigenes Mindmap erstellen

Nun geht es unmittelbar los, wir beginnen mit einer ersten kleinen Übung – in diesem Fall ohne Brainstorming.

Übung: Jetzt Sie!

Nehmen Sie ein weißes DIN-A4-Blatt und legen Sie es quer. Zeichnen Sie in die Mitte eine Wolke oder eine Ellipse, die das Zentrum bildet und arbeiten Sie immer im Uhrzeigersinn.

Wählen Sie ein Thema, wie zum Beispiel Urlaubsplanung.

1. Sie legen also das Blatt quer. Achten Sie darauf, dass Sie an den Rändern genug Platz frei lassen.
2. Zeichnen Sie in die Mitte das Zentrum mit dem Hauptbegriff, z. B. hier Urlaubsplanung.
3. Beginnen Sie mit einer Farbe. Farbe ist nicht zwingend, aber hilfreich, denn Farben bilden beispielsweise Anhaltspunkte des Erinnerns.
4. Sie können die Zweige auch hinterher kolorieren oder jeden Zweig oder jeden Astkranz in einer anderen Farbe zeichnen.
5. Zeichnen Sie die Äste nur in der Länge des Wortes (Substantive, Schlüsselwörter). Sie benötigen noch weiteren Platz für Ihre Ideen.
6. Schreiben Sie nur Hauptwörter auf, lesbar, die Kernbegriffe am besten in Blockschrift. Beginnen Sie mit der ersten Ebene (Hauptäste auf das Zentrum folgend).
7. Mit maximal sechs bis acht Hauptästen ist die erste Ebene erstellt, es sei denn, die haben ein sehr komplexes Problem. In diesem ersten Beispiel beschränken wir uns der Einfachheit halber auf vier Hauptäste, und das sieht nun wie folgt aus:

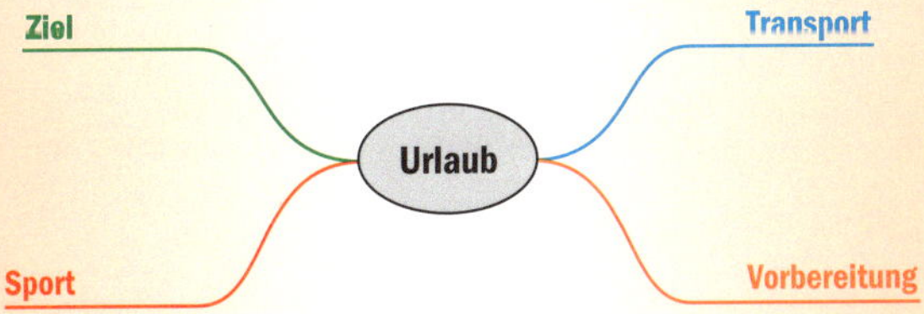

8. Jetzt folgt die zweite Gedankenebene, d.h. dass Sie den Gedanken des Hauptastes vertiefen und differenzieren.
9. Der Weg führt vom Unterast zu weiteren Unterästen immer weiter ins Detail, siehe nachfolgende Grafik.
10. Der Unterverzweigung sind keine Grenzen gesetzt. Erst da wird es ja interessant. In der nachfolgenden Grafik ist beispielhaft der Hauptast Transport noch weiter unterverzweigt. Differenzieren Sie auch die anderen Äste noch weiter, wenn Sie mögen. Verwenden Sie immer Schlüsselwörter (meistens Substantive).
11. Ergänzen Sie die Begriffe der einzelnen Äste mit Symbolen oder Abkürzungen: + - oder ↑↓, die eine positive oder negative Veränderung anzeigen.

Wie in der Übung angesprochen, sollten Sie Ihr Mindmap mit Farben und Formen unterstützen. Das ist hier aus drucktechnischen Gründen nur eingeschränkt umgesetzt, aber Sie werden im Buch später noch farbige Mindmaps sehen. Gerade beim Erlernen ist der „Behaltwert“ im Gehirn um vieles höher. Farben und Symbole ergänzen sich.

Hier einige Anregungen für Symbole:

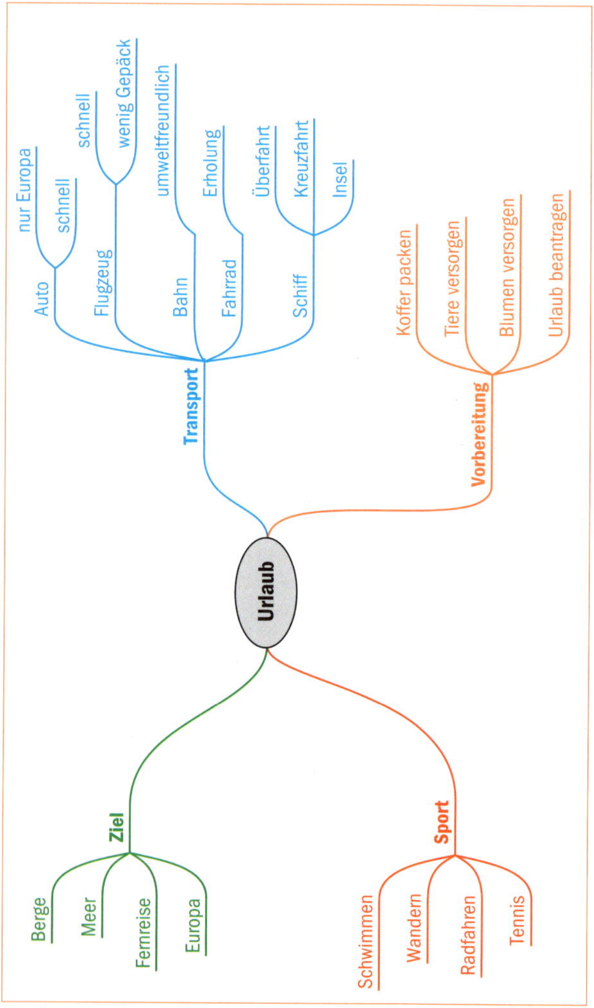
Urlaub
Transport
Auto
nur Europa
schnell
Flugzeug
schnell
wenig Gepäck
Bahn
umweltfreundlich
Fahrrad
Erholung
Schiff
Überfahrt
Kreuzfahrt
Insel
Vorbereitung
Koffer packen
Tiere versorgen
Blumen versorgen
Urlaub beantragen
Ziel
Berge
Meer
Fernreise
Europa
Sport
Schwimmen
Wandern
Radfahren
Tennis

3.2 Material

In Einzelarbeit

Wenn Sie alleine ein Mindmap erstellen, benötigen Sie nur wenige Utensilien, die sich in jedem Büro befinden:

- Ein schwarzer Stift
- Farbige Stifte
- DIN-A4-Papier für eine Person
- ggf. Flip-Chart

Mehr ist tatsächlich nicht notwendig, um ein Mindmap zu erstellen. Das Papier sollte weiß, ohne Linien und Kästchen sein. Wer hat, kann auch gerne ein DIN-A3-Blatt nehmen. Wenn alles vorhanden ist, können Sie loslegen.

In der Gruppe

Hier arbeiten Sie mit dem Flip-Chart, d.h. Sie benötigen:

- Ein Flip-Chart
- Passendes Papier (falls liniert/kariert, einfach die blanke Rückseite nutzen)
- Filzstifte – unterschiedlich dick, in verschiedenen Farben.

Gegebenenfalls kann man auch Flip-Chart-Papier an die Wand hängen oder im Notfall an einer Pinnwand befestigen.
Wichtig ist, dass Sie ausreichend Stifte der gleichen Farbe für alle haben. Im beruflichen Umfeld sollten Flip-Chart und Metaplanwand schon vorhanden sein.
Für den eventuellen EDV-Einsatz benötigen Sie einen PC oder ein Notebook und einen Beamer. Auf einer Folie können Sie auch mit einem größeren Teilnehmerkreis an einem Tageslichtprojektor ein Mindmap zusammen entwerfen.

3.3 Schlüsselwörter

Mindmaps leben von Schlüsselwörtern. Diese sind in der Regel Substantive, da diese die größte Aussagekraft haben. Wie wichtig sie sind, zeigt folgende Übung mit reduzierten Texten. Nehmen Sie sich dafür fünf bis zehn Minuten Zeit!

Übung: Bedeutung von Schlüsselwörtern

Nehmen wir bei einem Text alle Substantive, Artikel und Verben heraus, bleibt folgender Text übrig:

... bekanntesten ...., ..., ... und ...., um nur einige zu .... Sie alle .... leicht zu .... und sehr einfach ....
Dabei .... divergentes ......, unkonventionelles ......, ... und .... Diese .... zur .... oder ...., zur, ... einer ...., ... oder auch zum ....
Sie ...... vielseitige ...., wie in der ......, im ..... oder auch in der ....
.... alleine oder auch mit mehreren .... Es höchst effektiv, da in kurzer .... viele kreative ....

Es ist unmöglich den Text zu begreifen.

Jetzt lassen wir Artikel und Verben stehen und sparen nur die Substantive aus. Da bleibt schon mehr übrig:

Die bekanntesten .... sind ...., ..., ... und ...., um nur einige zu nennen. Sie alle sind leicht zu erlernen und sehr einfach umzusetzen.
Dabei wird divergentes ......, unkonventionelles ......, ... und .... gefördert. Diese .... dienen zur .... oder ...., zur, ... einer ...., ... oder auch zum ....
Sie finden vielseitige ...., wie in der ......, im ..... oder auch in der ....
.... kann alleine oder auch mit mehreren durchgeführt werden. Es ist höchst effektiv, da in kurzer .... viele kreative .... erarbeitet werden.

Auch hier ist noch nicht klar, wovon der Text handelt.
Erst wenn alle Wörter eingefügt sind, wird der Inhalt deutlich.
Das Beispiel zeigt, dass Substantive eine außerordentlich wichtige Bedeutung in der Sprache haben!

Einen vollständigen Text finden Sie als Lösung im Anhang.

Übung: Texterstellung aus einer Liste Substantive

Viel einfacher ist diese Übung: Versuchen Sie, einen Fließtext aus folgenden Substantiven zu entwerfen. Es dürfte Ihnen nicht schwerfallen.

Kreativitätstechniken Mindmap Schnelligkeit Ideen Brainstorming Moderator Protokoll Zum Protokollieren Zur Vorbereitung einer Rede Zur Vorbereitung von Referaten Einzelarbeit Gruppenarbeit Lösungen Äste Zur Gliederung Zum Lernen Zum Vorbereiten von Vorträgen Blatt Zur Planung Farbstifte Zur Zusammenfassung Gedanken zur Ideenfindung Zur Entwicklung von Strategien Zum Notieren Arbeitstechnik Struktur Entscheidungen Ziel

Natürlich gibt es hier dennoch keine eindeutige Lösung, sondern jeder von Ihnen, liebe Leserin, lieber Leser, wird etwas andere Aussagen aufschreiben. Aber Ihre Texte handeln alle von ein und demselben Thema und werden ähnliche Aussagen beinhalten.

Nachdem Sie jetzt durch die Abschnitte über das Material und die Schlüsselwörter eine weitere kleine Hilfestellung zur Struktur erhalten haben, wagen Sie sich bitte an Ihr nächstes eigenes Mindmap!

Übung: Jetzt Sie!

Entwerfen Sie Ihr erstes Mindmap als Planung für Aufgaben im Laufe der Woche.
Gehen Sie dabei nach den Schritten aus der Übung von Seite 26 vor.

3.4 Exkurs: Zu Tony Buzan als Begründer der Methode

Die Grundform der Methode wurde 1974 von Tony Buzan entwickelt. In seinen Büchern beschreibt er, wie es dazu kam – er suchte als Student nach einer Arbeitstechnik, nach einem besseren „Denkwerkzeug“ (siehe „Das kleine Mind-Map-Buch“ von Tony Buzan, München 2004). Heute vertritt und vertreibt er sein spezifisches Konzept Mind Map®, das als Marke registriert ist und lizenziert dafür weltweit Trainer.

Zur Person von Tony Buzan
Er arbeitete als Wissenschaftler und hat zahlreiche Bücher zu den Themen Kreativität, Gedächtnis, Lesen und Lernen veröffentlicht. Er betätigte sich ebenfalls als Mentaltrainer. Tony Buzan gründete einen Dachverband, in dem die „Vereine für Menschen mit hohem Intelligenzquotienten“ organisiert sind und gibt das International Journal of MENSA heraus. Seinen internationalen Durchbruch erlangte er mit der Veröffentlichung des Buches „Make the Most of Your Mind“ (1977).
Einem breiten Publikum wurde er durch Fernsehfilme bekannt, die sich mit der Kreativitäts- und der Gehirnforschung beschäftigten. 1991 fanden erstmals die Gedächtnisweltmeisterschaften (World Memory Championships) in London statt. Organisiert werden diese Meisterschaften vom internationalen Gedächtnissportverband WMSC (World Memory Sports Council).
Diese begannen mit nur neun Teilnehmern und zählen heute über 50 Teilnehmer aus allen Ländern der Erde. Der Sieger darf den Titel des Gedächtnisweltmeisters (World Memory Champion) führen.

3.5 Aufbau und Hintergründe von Mindmaps

Ziel der Verwendung von Mindmaps ist es, das ganzheitliche Denken und die schlummernden Potenziale des Gehirns zu aktivieren. Die beiden Welten Logik und Fantasie werden miteinander verknüpft bis zum Entstehen eines richtigen Gedankensturms.

Schauen wir uns die Vorteile im Einzelnen an.

Gelerntes wird schneller und einfacher behalten, da beide Gehirnhälften aktiviert werden

Es ist ein enormer Vorteil, den Sie mit dieser Methode haben. Sie erinnern sich entweder an einen Begriff, eine Farbe oder ein Symbol. Alle Hemisphären im Gehirn sind beteiligt. Außerdem können Sie Begriffe miteinander verknüpfen und bauen sich somit Eselsbrücken. Die schon im Langzeitgedächtnis verankerten Begriffe werden mit den neuen verknüpft und sind damit abrufbereit.

Übung: Jetzt Sie!

Erstellen Sie ein Mindmap (das Thema dürfen Sie sich wählen, nehmen Sie eines, woran Sie sowieso gerade arbeiten) und verknüpfen Sie die Schlüsselwörter mit Symbolen, Farben oder altbekannten Begriffen.

Finden Sie selbst für sich heraus, über welchen Weg Sie die neuen Begriffe am besten behalten.

Aufbau einer logischen Struktur

Mindmaps sind so aufgebaut, dass Sie in einem Gedankenast verbleiben und den begonnenen Gedanken einfach weiterführen und vertiefen. Dabei sollte kein Chaos im Kopf entstehen, vielmehr eine wohl geordnete Struktur.

Zeitersparnis, da sich die Darstellung auf das Wesentliche konzentriert

Bei der Erstellung von Mindmaps sparen Sie zwei Drittel der Zeit, wenn Sie zu gleichen Ergebnissen in einem Team im Rahmen einer üblichen Besprechung gelangen möchten.

Am effizientesten arbeiten Sie, wenn während der Kreativphase nicht gesprochen wird. Ich praktiziere das in meinen Seminaren und Unternehmenstrainings regelmäßig. Die Teilnehmer sind sehr überrascht, dass es funktioniert und in kürzester Zeit zu sehr verwertbaren Ergebnissen führt. Mit dieser Schweigetechnik erreichen Sie den höchsten Wirkungsgrad.

Übung: Jetzt Sie!

Wagen Sie sich ruhig an diese Arbeitstechnik heran. Sie werden erstaunt sein. Wählen Sie sich ein Thema und bearbeiten Sie es zehn Minuten lang ohne zu reden.

Mindmaps sind übersichtlich

Mindmaps können sehr umfangreich ausfallen, doch kaum unübersichtlich werden. Da es sich im Kern immer nur um ein oder zwei Begriffe handelt, diese noch solitär stehen und jeder Ast eine Gedankenkette bildet, ist die Übersichtlichkeit immer vorhanden. Da Mindmaps so einfach strukturiert sind, werden auch Dritte keine Schwierigkeiten haben, ein Mindmap zu lesen und weiterzuführen.

Schnelles Wiederfinden der einzelnen Stichwörter

Selbst bei aufwändigen Maps oder wenn Sie Ihre Ideensammlung mal einige Tage liegen gelassen haben, werden Sie Ihre Stichwörter schnell wiederfinden.

Effektivere Selbstorganisation

Mit ein paar kurzen Notizen bringen Sie Struktur in Ihre Planung. Wer sich fünf Minuten organisiert, wird schnell merken, dass sich die zeitliche Investition rasch auszahlt.

Mindmaps können erweitert werden

Einer der ganz großen Vorteile dieser Technik im Gegensatz zu vielen anderen Kreativitätstechniken liegt darin, dass Mindmaps endlos wachsen können und auch eine zeitliche Pause ohne Nachteile vertragen. Ein begonnenes Map können Sie jederzeit weiterführen.

Übung: Jetzt Sie!

Erstellen Sie für sich ein Mindmap und geben Sie sich für seine Entwicklung ein bis zwei Wochen Zeit. In diesem Zeitrahmen arbeiten Sie immer nach Bedarf an Ihren Aufgaben und ergänzen dabei jeweils das Mindmap.

Sie werden merken, wie problemlos das funktioniert.

Mehrere Mitarbeiter können gleichzeitig an einem Mindmap arbeiten

Beispielsweise im Gegensatz zum Brainstorming, bei dem immer nur einer aktuell das Wort haben kann, arbeiten am Mindmap parallel bis zu sechs Personen. Beides hat natürlich Vor- und Nachteile. Beim Brainstorming entwickelt sich eine Idee aus der vorherigen, aber mit Übung können sich in einem an einem Mindmap arbeitenden Team die Ideen viel schneller ergänzen.

Mindmap macht Spaß und Freude

Beim Erstellen und Arbeiten mit dieser Technik sehen Sie sehr schnell Ihre Ergebnisse. Das motiviert und macht Spaß. Tolle Einfälle werden aufgeschrieben, andere Personen gehen sofort darauf ein. Es ist ein permanenter Austausch, ein permanentes Feedback. Aus diesem Grunde wird zu immer neuen Ideen angespornt.

Man sieht schnell Ergebnisse

Nach zehn Minuten ist nach einiger Übung ein Mindmap fertig. Sicherlich noch ausbaufähig, aber schon sehr ansehnlich. Eine Bewertung nach Bewertungspunkten dauert nicht länger.

Synergie: 1 + 1 ergibt mehr als die Summe der beiden Zahlen

Synergien ergeben sich deswegen, weil sich die Ideen sofort vermehren, nachdem sie niedergeschrieben sind.
Im Team wird durch das große Potenzial von mehreren Mitarbeitern, die an einem Mindmap arbeiten, immer einer von ihnen etwas Neues beisteuern können. Auf diesen Gedanken ist eben zunächst nur eine Person gekommen, daran knüpft als Folgegedanke ein anderer an, der die Gedanken ohne den Vorgedanken nicht realisieren konnte.

Genauso verhält es sich bei der Einzelarbeit. Den dritten Geistesblitz hätte man gar nicht haben können, wäre der zweite nicht schon vorhanden gewesen.

Nutzt die Kombination beider Hirnhälften

Auf nur einem Flip-Chart-Block oder auch in Einzelarbeit auf einem DIN-A4-Blatt schaffen Sie es, ein umfangreiches Mindmap zu erstellen. Der Wechsel von gefühlsbetonten Gedanken und wieder rationalen Einfällen kann Ihnen nur gelingen.

Besser als Dwight David Eisenhower kann man es kaum formulieren – und er hat das mit seiner großen Erfahrung als Führungskraft gesagt, noch bevor die Mindmaps erfunden waren: *„Was nicht auf einer einzigen Manuskriptseite zusammengefasst werden kann, ist weder durchdacht noch entscheidungsreif.“*

Die Anwendungsmöglichkeiten eines Mindmaps wurden in der Einleitung schon aufgezeigt. Hier noch einmal eine Zusammenstellung wesentlicher Anwendungen:

Wesentliche Anwendungen von Mindmaps
◆ Entwicklung von Strategien
◆ Gliederung
◆ Planung
◆ Ideenfindung
◆ Problemlösung
◆ Zusammenfassung
◆ Notieren
◆ Mitschrift und Protokollieren
◆ Lernen
◆ Vorbereiten von Vorträgen oder Reden
◆ Vorbereitung von Referaten
◆ Vorbereitung von betrieblichen Abläufen

3.6 Darstellungsformen: Heugabelprinzip, Fischgrätenprinzip, Moblas

Wie ein Mindmap grundsätzlich gezeichnet wird, zeigen die bisherigen Beispiele. Es gibt aber im Detail drei Varianten.

Heugabelprinzip

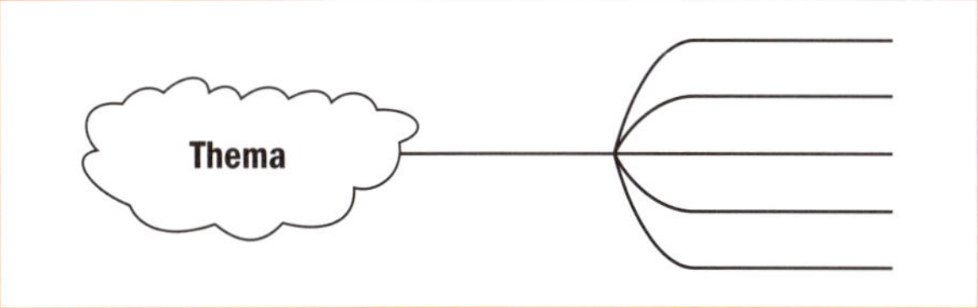

Heugabelprinzip

Diese Darstellung erinnert an eine Heugabel. Sie ist die am häufigsten angewandte Form. Durch die runden Formen wirkt sie gefällig und das unterstützt das Einprägen.

Fischgrätenprinzip

Das Fischgrätenprinzip ist statischer als die Heugabel und grenzt die einzelnen Segmente klarer voneinander ab. Sehr strukturierte Personen bevorzugen diese Variante.

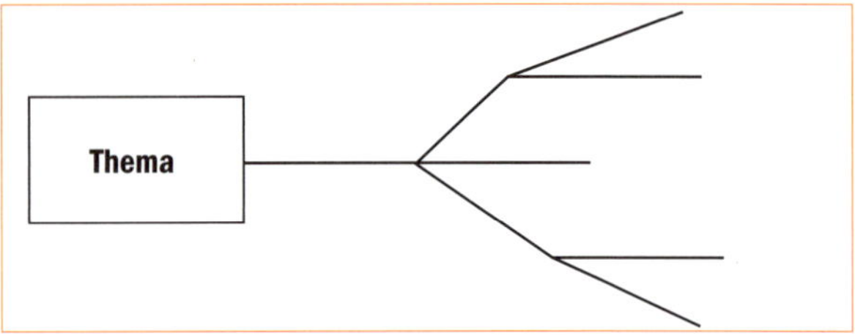

Fischgrätenprinzip

Moblas bzw. Molekülblasen

Diese Darstellung ist eher selten und wird meistens in Fach- und Lehrbüchern für strukturierte Visualisierung angewandt. Ich halte sie bei der Anwendung des Mindmaps als Kreativitätstechnik für eher verwirrend und sie kann auch nur bei sehr kleinen Mindmaps Anwendung finden.

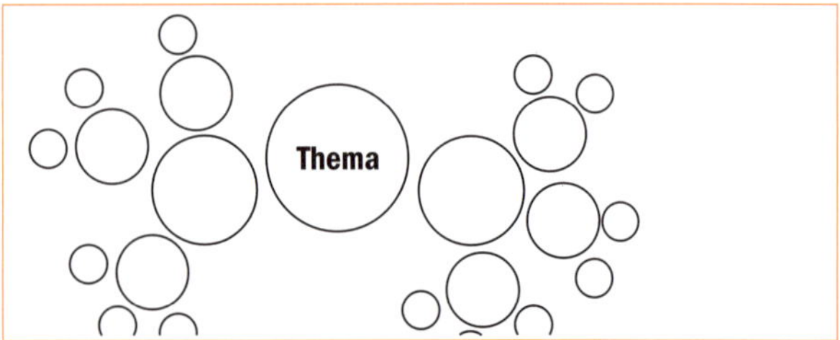

Prinzip der Darstellung als Molekülblasen

3.7 Weitere Kreativitätstechniken

Das Mindmap gehört zu den bekannten Kreativitätstechniken. Das liegt vielleicht an der einfachen und vielfältigen Anwendung. Dass man alleine oder mit mehreren daran arbeiten kann, macht die Technik noch attraktiver.
Ein weiterer und in der heutigen Zeit entscheidender Grund ist die vorhandene Software, z.B. MindManager®. Der User kann damit sein Mindmap über den Hyperlink mit anderen Programmen verlinken. So können auch Mindmaps versendet oder via Internet/Intranet bearbeitet werden. Diese Verknüpfung des kreativen Instruments mit dem PC und dem Netz ist eine Besonderheit, die andere Kreativitätstechniken so nicht zulassen. Sie haben dafür andere Vorteile.

Weitere bekannte Kreativitätstechniken

- Brainstorming
- Brainwriting
- Clusterverfahren bzw. -technik nach Gabriele L. Rico
- Methode 635
- Kopfstandtechnik
- Mnemotechnik
- Metaplantechnik (Karten-Methode)
- Morphologischer Kasten

Alle diese Kreativitätstechniken sind in der Regel aus der Notwendigkeit entstanden, eine strukturierte und systematische Arbeitstechnik unter speziellen Bedingungen zur Verfügung zu haben. Da diese nicht immer existierten, entwickelten die Wissenschaftler, Forscher oder Personen, die mit sehr komplexen Sachverhalten arbeiteten, jeweils ihre eigene Technik. Dabei suchen Kreativitätstechniken nicht nur einfach nach Lösungen, sondern auch nach optimalen, effizienten und ausgefallenen Alternativen. Niemand könnte den Anspruch besser formulieren als der kreative und mutige Erfinder Thomas Alva Edison, der gesagt hat:

„Es gibt eine Möglichkeit, es besser zu machen – finde sie!“ (Thomas Alva Edison)

Ein Großteil der Kreativitätstechniken sind vom Kern her Lösungsfindungstechniken, aber zwischen den gefundenen Lösungen muss am Ende entschieden werden. Zur Entscheidung führen jedoch nur die wenigsten Kreativitätstechniken. Denn zur Lösung gelangt man durch

- Diskussion,
- Abstimmung oder
- systematische Punktevergabe.

Durch Eingrenzung der Kriterien schränkt man auch die Lösungsmöglichkeiten ein. Eine noch andere Variante bei der Lösungsfindung ist die Möglichkeit, den Entscheidungsprozess an unabhängige Dritte zu delegieren. Einen solchen Entscheidungsprozess benötigt man auch, wenn man zur Lösungsfindung mit einem Mindmap arbeitet.

3.8 Clustertechnik (Gabriele L. Rico)

Die Clustertechnik (Cluster = Bündel, Gruppe, Traube) wurde von Gabriele L. Rico in den 70er-Jahren des 20. Jahrhunderts entwickelt und ist sehr mit der Mindmap-Technik verwandt. Auch hier steht im Mittelpunkt eine kreative Schreibtechnik.

Unterschiede zum Mindmap

Ein Unterschied besteht darin, dass man bei dieser Methode Assoziationsketten bildet. Die Assoziationen führen nicht unbedingt vom Allgemeinen zum Detail, wie beim Mindmap, sondern sie fragen nach weiteren, parallelen Alternativen. Bei der Mindmap-Methode stellt sich in der Verästelung immer die Frage: Was entwickelt sich daraus? Das ist eine lineare Vorgehensweise. Anders ist das Clustering. Hier gehen die Gedanken eher in die Richtung: Was gibt es noch für (gleichberechtigte) Möglichkeiten?

Als weiterer Unterschied werden in der Regel keine Farben und Symbole benutzt. Die Clustertechnik benutzt man häufig für die Erstellung von Texten und Büchern. Es ist ein geordnetes Brainstorming.

Übung: Jetzt Sie! Erstellen Sie ein Clustering

Suchen Sie sich selbst ein Thema oder nehmen Sie das Thema „Möglichkeiten der Mitarbeitermotivation".

1. Auf ein quer gelegtes DIN-A4-Blatt schreiben Sie den zentralen Begriff in die Mitte des Blattes und ziehen einen Kreis darum.
2. Nun schreiben Sie Assoziationen nacheinander dazu auf, zeichnen jeweils Kreise darum und verbinden diese mit einem Strich. So entsteht eine Kette von Assoziationen, die im Zentrum beginnt. Die erste Assoziationskette ist fertig.
3. Mit der zweiten Kette verfahren Sie genauso. Auch in diesem Fall beginnen Sie im Clusterzentrum.
4. Jetzt haben Sie einige unabhängige Assoziationsketten gebildet. Bei genauerem Hinsehen wird man feststellen, dass zwischen den einzelnen Ketten auch Verbindungen herzustellen sind. Die eine Assoziation aus der ersten Kette könnte auch mit einer Assoziation aus einer anderen Kette in Verbindung stehen.
5. Über das entstehende Netz (web of trial), den quer verlaufenden Assoziationen, entsteht ein Ideengebilde für einen zu verfassenden Text oder auch neue Aufgabenstellungen.
6. Geübte entwickeln nun über ein Mindmap ein lineares Konzept.
7. Sie haben die Möglichkeit, alleine oder in einer Gruppe ein Cluster zu entwickeln.
8. Wie bei allen Kreativitätstechniken, gilt auch für das Clustering, dass alles aufgeschrieben wird, ohne darüber nachzudenken. Bewertet wird später.

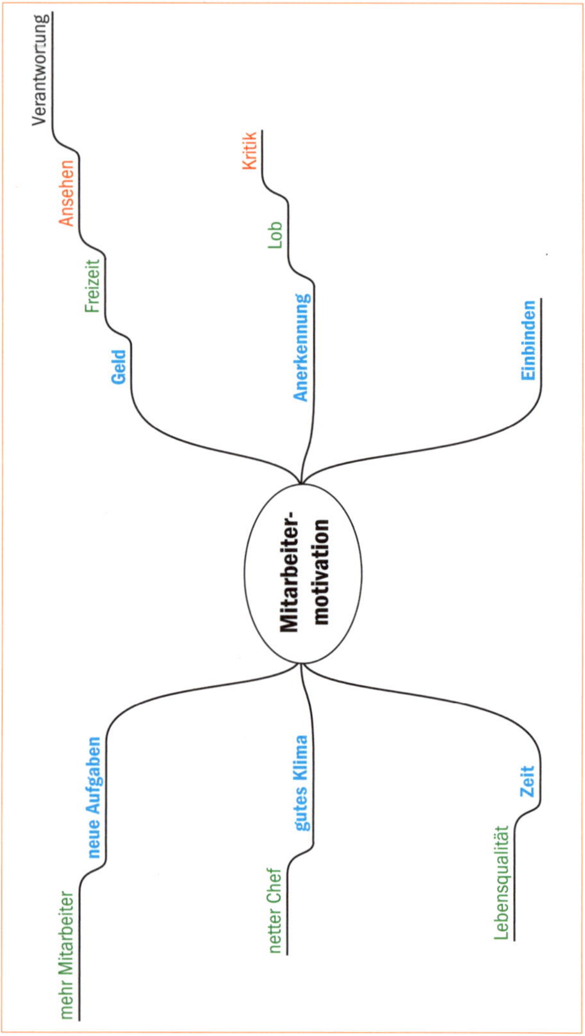

Mitarbeiter-
motivation
Geld
Freizeit
Ansehen
Verantwortung
Anerkennung
Lob
Kritik
Einbinden
neue Aufgaben
mehr Mitarbeiter
gutes Klima
netter Chef
Zeit
Lebensqualität

3.9 Regeln bei der Bearbeitung: So arbeiten Sie im Team effektiver

Kleine und in wenigen Minuten erstellte Mindmaps zur schnellen Erarbeitung bedürfen keines Brainstormings am Anfang – Sie steigen hier sofort in die Erstellung des Mindmaps ein. Anders verhält es sich bei komplexeren Themen.

> Soll im Team ein umfangreiches Mindmap erstellt werden, steht am Anfang am besten ein Brainstorming.

Vorgehensweise I: Erst Brainstorming, dann Mindmap
Nach Bekanntgabe des Themas werden alle aufgefordert, ihre Ideen in den Raum zu sagen. Der Moderator notiert die Begriffe auf dem Flip-Chart. Dabei ist darauf zu achten, dass sich jeder beteiligt. Eine Ideenvielfalt entsteht nur dann, wenn viele Ideen von den verschiedensten Personen eingebracht werden. Dieser Prozess dauert meist ca. zehn Minuten. Doch sollte der Moderator von jedem am Ende in einer „Abfragerunde" noch ein bis zwei Ideen einfordern.
Sollten danach noch nicht genug verwertbare Gedanken dabei sein, verändert der Moderator die Aufgabenstellung. Um über das Altbekannte hinauszukommen, fordert er alle auf, unter einem bestimmten Motto – z.B. „sehr optimistisch" oder „Wunschzustand" – Ideen zu suchen.
Bei dieser Methode besteht die Gefahr, dass sich nur wenige dominante Persönlichkeiten sehr aktiv an dem Kreativprozess beteiligen. Der Moderator hat hier die Aufgabe, alle Teilnehmenden miteinzubeziehen. Darüber hinaus ist auch nicht selten zu beobachten, dass Vorschläge sofort kritisiert und kannibalisiert werden. Der Moderator ist gefordert, dies in diesem Stadium nicht zuzulassen. Die kreative Arbeit wäre damit nicht mehr gewährleistet.
Notiert der Moderator alle Begriffe unsortiert auf dem Flip-Chart, kann die thematische Sortierung kaum optisch vorgenommen werden. Um dem zu begegnen, lässt sich das klassische Brainstorming abwandeln. Dazu empfiehlt sich,

die Einfälle aller Teilnehmer auf Moderationskarten zu schreiben. Der Vorteil liegt darin, dass man die Karten gleich thematisch ordnen kann, da sich häufig doppelte oder identische Ideen finden. Daraus lässt sich in wenigen Schritten eine Auswahl treffen, die als Basis für ein Mindmap dient.
Eine Alternative dazu ist, dass die Ideen nicht vom Moderator auf den Karten notiert werden, sondern dass jede Person drei bis fünf Moderationskarten erhält und diese selbst mit Ideen beschreibt. Dabei ist darauf zu achten, dass immer nur eine Idee auf die Karte geschrieben wird.

Vorgehensweise II: Brainstorming in Form des Mindmaps
In Schritt 1 werden die Begriffe genannt und in der Form eines Mindmaps notiert. In der Regel gehen dabei vom Zentrum sehr viele Äste ab, sodass man beim Schreiben darauf achten sollte, für die einzelnen Begriffe genügend Platz zu lassen. Die Äste sollten nicht länger als die Begriffe sein.
Alternativ können Sie die endständige Schreibweise wählen. Hier sind die Äste gleich lang und am Ende des Asts wird der Begriff geschrieben, nicht auf den Ast, wie dies die Abbildung auf der folgenden Seite zeigt. Diese Darstellung empfehle ich aber nur dann, wenn die Äste nicht mehr verzweigt werden.
Aus der Vielzahl an ersten Ideen suchen Sie in Schritt 2 diejenigen heraus, die Ihnen wichtig erscheinen und die Sie weiter ausarbeiten möchten. Einige Begriffe kann man zusammenfassen, andere bilden Hauptäste, und den Rest kann man verwerfen. Wie auch immer, letztendlich entscheiden Sie oder das Team, was Ihnen wichtig erscheint bzw. was Sie weiter verfolgen und ausarbeiten wollen. Das Ergebnis Ihres Brainstormings ist ein reduziertes Mindmap, wie ebenfalls als Beispiel abgebildet.
In Schritt 3 startet nun die Feinarbeit und der Ideensturm beginnt. Sie legen das reduzierte Mindmap zu Grunde und schreiben so viele Ideen wie nur möglich auf – wobei Sie das Mindmap entsprechend erweitern. Erlaubt ist alles. Sie werden merken, wie schnell es geht. Wie das gedacht ist, sehen Sie wiederum auf der folgenden Doppelseite.

Beispiel Kreativität:

Schritt 1 – alle gesammelten Ideen

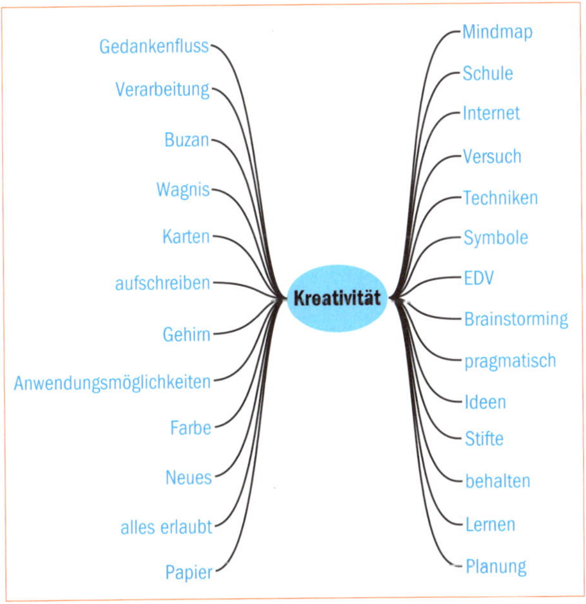

Schritt 2 – Auswahl des weiter zu Bearbeitenden

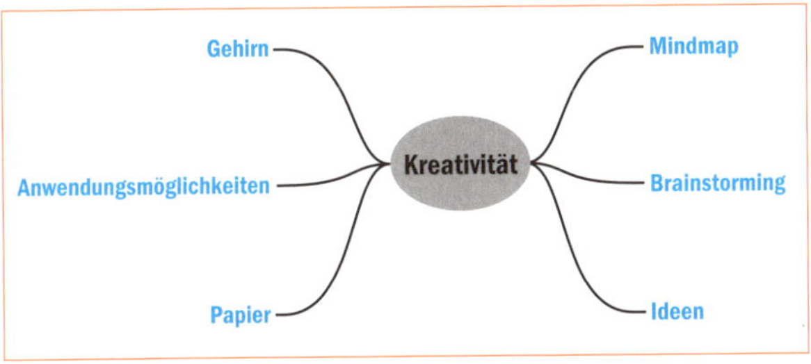

Schritt 3 – Feinarbeit

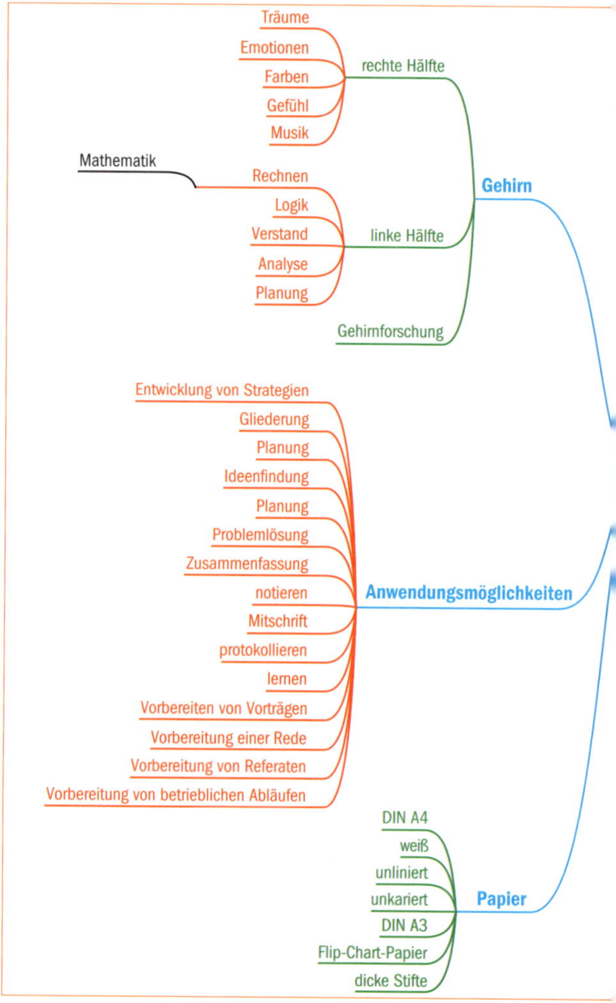

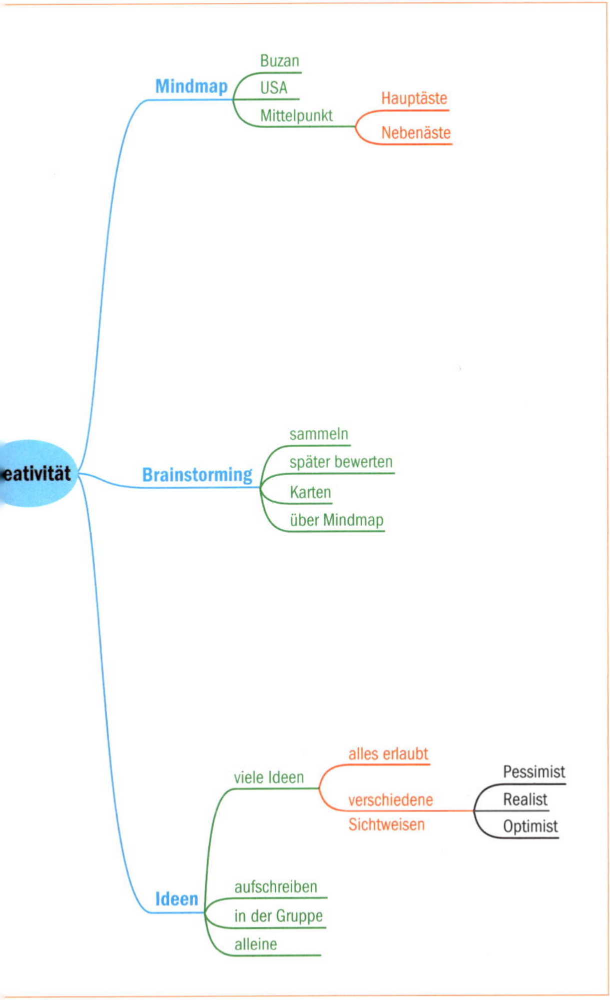
eativität
Mindmap
Buzan
USA
Mittelpunkt
Hauptäste
Nebenäste
Brainstorming
sammeln
später bewerten
Karten
über Mindmap
Ideen
viele Ideen
alles erlaubt
verschiedene Sichtweisen
Pessimist
Realist
Optimist
aufschreiben
in der Gruppe
alleine

3.10 Erst sammeln, dann bewerten

Diese eiserne Regel ist so wichtig, dass wir ihr einen eigenen Abschnitt widmen, auch wenn dieser kurz ausfällt. Die Regel besagt, dass zunächst alle Informationen oder Lösungsalternativen gemeinsam oder in Einzelarbeit gesammelt werden. Erst dann, wenn alles zusammengetragen, diskutiert und eruiert wurde, sollten Sie mit der Bewertung beginnen.

> Jegliche Kritik während der Technik wäre das Ende einer kreativen Arbeit. Hier würde man über das Mittelmaß nicht hinauskommen.

Aus diesem Grund empfiehlt es sich, mit einem Moderator zu arbeiten, der die beiden Phasen voneinander trennt.

Die Bewertung kann über eine
- Abstimmung,
- Einzelentscheidung oder
- gemeinsame Bewertung mit Bewertungspunkten

erfolgen.

Als Verlaufskurve sieht das wie folgt aus:

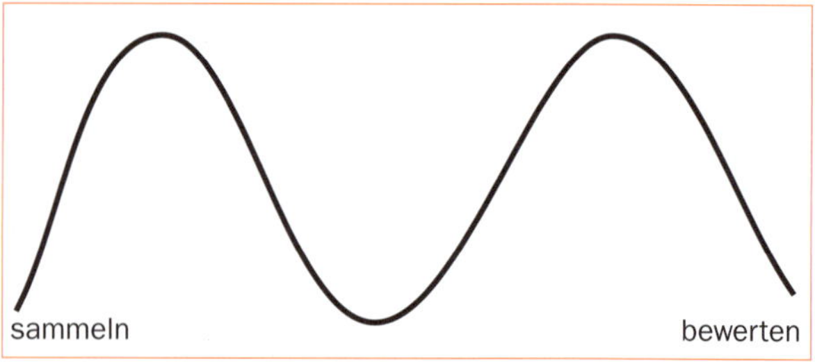

Eine genauere Beschreibung erfahren Sie im Abschnitt 5.1 über „Mindmaps und das Treffen von Entscheidungen“.

3.11 Kreative Gedanken entwickeln sich

Sie erinnern sich an Kapitel 2? Wir haben Mindmaps als Methode eingeführt, die Denkblockaden abbauen hilft. Ganz ohne Ihr Zutun kann das nicht gelingen. Wenn Sie kreativ werden möchten, müssen Sie gegenüber kreativen Gedanken offener werden, und dies ist ein Prozess.
Je häufiger Sie sich mit Kreativitätstechniken beschäftigen, desto schneller kommen Sie zu innovativen und außergewöhnlichen Ideen. Der Weg vollzieht sich in zwei Schritten:

- In der ersten Phase schreiben Sie die Ideen auf, die Ihnen im Moment einfallen.
- In der zweiten Phase gilt es, die Ideenproduktion systematisch zu erhöhen. Dazu gibt es Techniken auch für das „stille Kämmerlein“, aber weit effektiver ist es, wenn ein Moderator unterstützend den Prozess begleitet.

Beantworten Sie bitte in der Selbstreflexion diese Fragen:
Welche außergewöhnlichen Gedanken lassen Sie zu?
Wie weit grenzen Sie sich selbst in Ihrem Denkwille ein?

Und nun trauen Sie sich! In der zweiten Phase geht es richtig los. Ein kreativer Gedankensturm sollte sich entfachen und weit über den Standard der ersten Phase hinausgehen. Jetzt wird es interessant. Sie entwickeln neue Ideen. Es beginnt die wirklich kreative Phase. Genau hier kann Sie ein Moderator hilfreich unterstützen (siehe Abschnitt 4.1).

Als Verlaufskurve sieht die Zweiphasentechnik so aus:

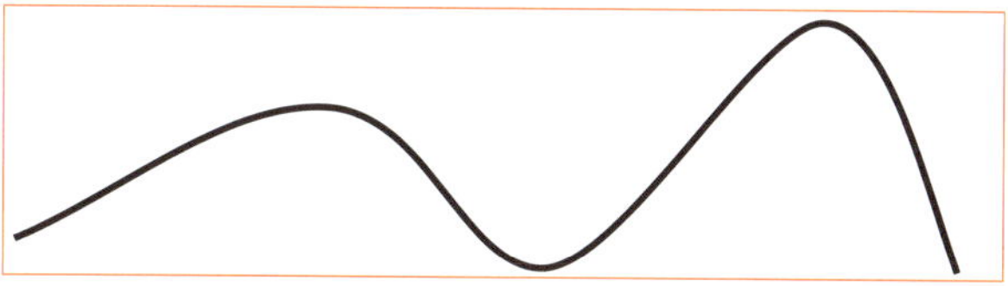

1. Phase 2. Phase

4 Techniken und Anwendungen

4.1 Moderationstechniken

Um effektiver und zielorientierter mit der Mindmap-Technik im Team zu arbeiten, bietet es sich an, moderierte Sitzungen durchzuführen. Das ist fast immer im geschäftlichen Gebrauch anzuraten und generell für Gruppen hilfreich, wobei im rein privaten Bereich der Moderator natürlich kein Profi zu sein braucht, sondern aus den eigenen Reihen kommen kann und in die Rolle schlüpft.

Das Ziel einer Moderation ist ein doppeltes:
- Die Erarbeitung des Mindmaps soll zum einen zielgerichteter erfolgen und
- zum anderen soll eine ausführliche Vorgehensweise erreicht werden.

Dies kann auch in Teams durchgeführt werden, die ein Mindmap zum ersten Mal erstellen. Nur der Moderator sollte sich natürlich mit der Technik bereits auskennen.

Übrigens: Wir sprechen hier von *dem* Moderator, dies aber nur zur sprachlichen Vereinfachung. Immer ist auch die Moderatorin mit gemeint und das gilt für alle Rollen, über die in diesem Buch gesprochen wird und durch das gesamte Buch hindurch.

Die Vorgehensweise einer Moderation ist im Groben schon in Abschnitt 3.9 beschrieben worden. Das Thema wird formuliert und jeder Teilnehmer erhält eines oder mehrere passende Schreibutensilien (Filzschreiber, ggf. mehrere Farben). Die Mindmap-Regeln und die Durchführung werden kurz erklärt und dann kann es auch schon losgehen.

Der Moderator hat die Aufgabe, an Stellen, an denen das Team keine neuen Ideen hat, die Einzelnen zu motivieren und voranzubringen. Er sollte Anregungen geben und seine Gedanken dazusteuern. Neue Gedanken oder noch nicht betrachtete Bereiche sollten bearbeitet werden. Der Moderator kann sogar konkrete Vorschläge und Ideen einwerfen, die von den anderen weitergedacht werden.

Vielfach wird die Moderatorenrolle als eine neutrale definiert, d.h. der Moderator soll nur steuern, aber nicht selbst an der Sache arbeiten. Dieses Rollenverständnis ist bei gruppendynamischen Prozessen unbedingt angebracht, aber bei Kreativprozessen eher nicht.

Denn Phasen, in denen die anderen nicht mehr so kreativ sind und keine Ideen mehr haben, setzt der Moderator ein und spornt die anderen an, in alle Richtungen zu denken. Durch Vergleiche mit der Vergangenheit oder Parallellösungen regt er an, weitere Gedanken zu formulieren.
Auch außergewöhnliche und sehr träumerische Ideen sind zugelassen. Gerade in der zweiten Phase eines Kreativprozesses entstehen die besten Ideen. Der Moderator animiert dazu, sich von einfachen Denkstrukturen zu lösen und die Gedanken einfach mal schweifen zu lassen und sich auf neue Ideen einzulassen. Dies kann man mit Übungen auch erlernen bzw. gezielte Techniken nutzen.

Anregungen von Kreativ- und Denktechniken
Das Reflektieren der Gedanken in verschiedenen Ebenen, wie gerade angeklungen, hat Eingang in mehrere Techniken gefunden. Sie können sich diese in der Beginnphase als Moderator zu Nutze machen.
Vielleicht kennen Sie die Hüte von de Bono (man findet sie in der Literatur über Kreativtechniken) oder die drei Stühle nach Walt Disney, die für träumen, realistisch sein und kritisch sein stehen. Mehr dazu in Abschnitt 4.6.

Aufgaben des Moderators bei der Mindmap-Erstellung

Der Moderator leitet hier kein Gespräch, sondern steuert den Kreativprozess, gibt Anregungen und führt zu weiteren Gedanken. Er kann die gedankliche Arbeit durch Anregungen in eine bestimmte Richtung lenken oder den Ideen freien Lauf lassen.
Die Frage stellt sich nach dem Ziel der gemeinsamen Aufgabe. Er kann konkrete Begriffe, Themen, Eigenschaften vorgeben und damit die Richtung bestimmen.

Mit Blick auf die Vergangenheit, in Anlehnung an andere Projekte kann eine Übertragung erfolgen. Auch Mitbewerber und deren Verhalten können als Basis der Übertragung gewählt werden.
In Phasen, das ist in der Regel nach ca. zehn Minuten, lässt der kreative Fluss aller Beteiligten nach. Damit hat man meist gerade die Standardlösungen gefunden. Das Naheliegende ist damit erarbeitet. Weitergehende oder sogar außergewöhnliche Gedanken haben hier noch keinen Raum gefunden. Das Interesse nimmt damit auch ab. Für die meisten läuft es schon auf das Ende hinaus, weil sie der Meinung sind, dass man viele gute Ideen gefunden hat.
An diesem Punkt setzt der Moderator ein. Er motiviert die Teammitglieder und fordert weitere Ideen, spornt an und führt so zu einem zweiten und starken Ideensturm, der die Qualität der ersten Phase weit übertreffen sollte.

Der Moderator sollte darauf achten, dass so wenig wie möglich gesprochen wird.
Der Gedankenfluss sollte nicht durch Ablenkungen, wie z.B. Diskussionen, unterbrochen werden. Teilweise herrscht sogar Schweigepflicht. Außerdem könnten von anderen die eigenen Ideen kritisiert werden und damit eine Bewertung erfolgen, die weitere kreative Ideen im Keim ersticken.

Erst dann läutet der Moderator die Bewertungsphase ein, wenn er der Meinung ist, dass alle relevanten und möglichen Ansätze berücksichtigt wurden.

Auch jetzt kann sich der Moderator mit der Bewertung, Diskussions- oder Entscheidungsphase Zeit lassen. Dies ist der Fall, wenn er der Meinung ist, dass noch nicht alle Aspekte berücksichtigt wurden oder den Teilnehmern im Moment nichts mehr einfällt. Statt abzubrechen wird ein neuer Kreativtermin angesetzt, bei dem man mit neuem Elan zu weiteren interessanten Ergebnissen kommt.

Damit Sie sich besser vorstellen können, welchen Effekt eine zweite, moderierte Kreativphase auslöst, hier ein Beispiel aus der Seminarpraxis. Sie sehen unten ein Mindmap zum Thema „Mitarbeitermotivation steigern" ohne Moderation. Blättern Sie dann um und schauen Sie, wie dies durch eine Moderation ausgearbeitet wurde.

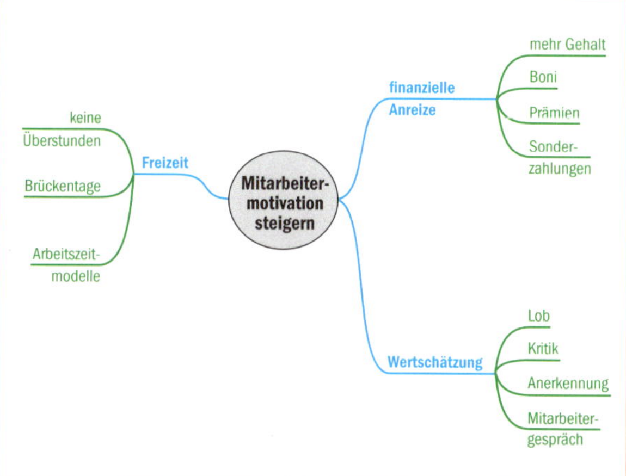

Erste Ideensammlung ohne Moderation

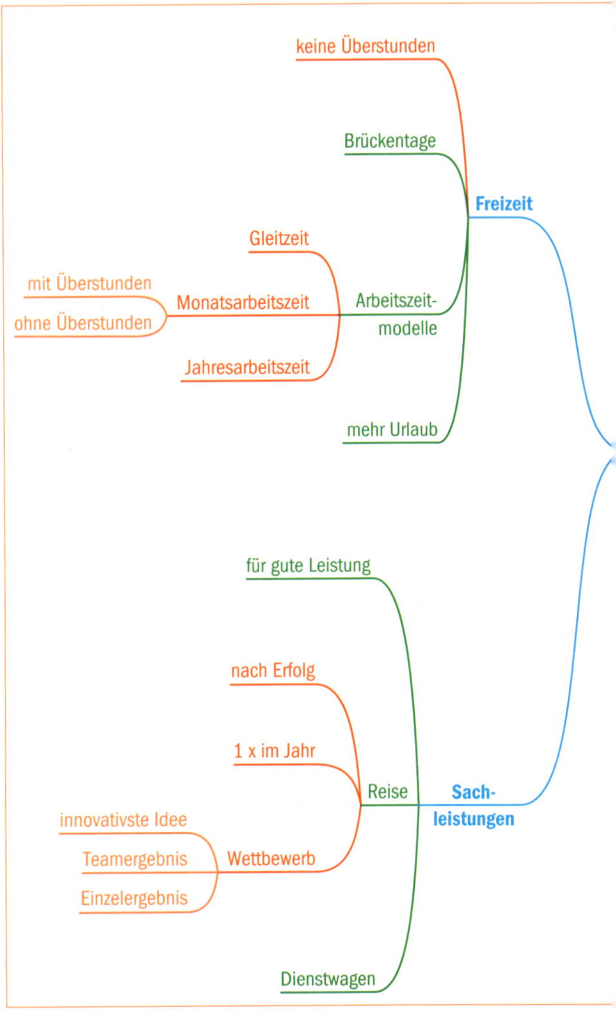

Zweite Ideensammlung mit Moderation

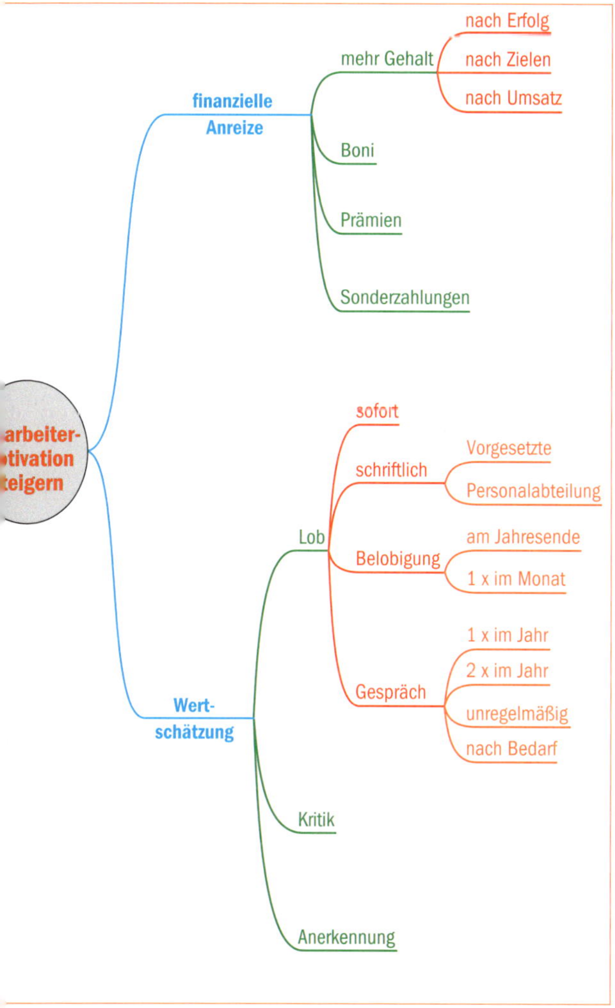
arbeiter-
tivation
teigern
finanzielle Anreize
mehr Gehalt
nach Erfolg
nach Zielen
nach Umsatz
Boni
Prämien
Sonderzahlungen
Wert-schätzung
Lob
sofort
schriftlich
Vorgesetzte
Personalabteilung
Belobigung
am Jahresende
1 x im Monat
Gespräch
1 x im Jahr
2 x im Jahr
unregelmäßig
nach Bedarf
Kritik
Anerkennung

4.2 Geteiltes Mindmap

Bei der Anwendung des geteilten Mindmaps lassen sich Pro-Kontra-Diskussionen übersichtlich gegenüberstellen. Es ist ratsam, mit verschiedenen Stiftfarben zu schreiben. Für Pro-Argumente bietet es sich an, grüne Stifte und für Kontra-Argumente rote Stifte zu benutzen. Das Mindmap kann man in einen rechten und linken Bereich unterteilen, wie es bei der folgenden Grafik an einem Beispiel dargestellt wird (bei dem für „pro" einfach Grün und für „kontra" Rot dient).

Diejenigen, die die Diskussion am Flip-Chart durchführen, werden in zwei Gruppen aufgeteilt. Jede Gruppe sollte nicht mehr als maximal acht Teilnehmer umfassen.
Bei großen zur Verfügung stehenden Arbeitsflächen, die weit über die Größe eines Flip-Charts hinausgehen, können auch noch mehr Personen zusammenarbeiten.
In der weiteren Ausarbeitung erfolgt im Detail die Gegenüberstellung der positiven und negativen Argumente. Das Mindmap eröffnet die Möglichkeit, die einzelnen Für und Wider in unterschiedlichen Ästen verzweigt und differenziert, aber doch kompakt und übersichtlich darzustellen.

Praktische Tipps zur Anwendung

Um noch mehr Transparenz zu erreichen, werden nach 10 – 15 Minuten die Rollen getauscht. Die teilnehmenden Personen diskutieren schriftlich die entgegengesetzte Meinung. Es ist darauf zu achten, dass nicht verbal, sondern nur schriftlich kommuniziert wird.

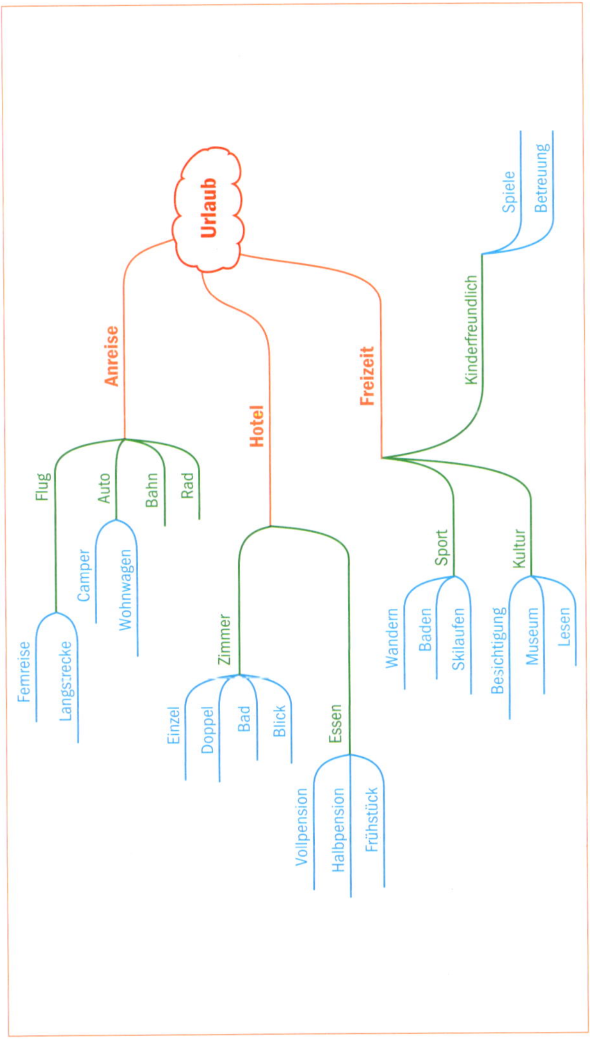
Urlaub
Anreise
Flug
Fernreise
Langstrecke
Auto
Camper
Wohnwagen
Bahn
Rad
Hotel
Zimmer
Einzel
Doppel
Bad
Blick
Essen
Vollpension
Halbpension
Frühstück
Freizeit
Kinderfreundlich
Spiele
Betreuung
Sport
Wandern
Baden
Skilaufen
Kultur
Besichtigung
Museum
Lesen

4.3 Geteilte Mindmaps im Fremdsprachenunterricht und zum Lernen im Allgemeinen

Eine hervorragende Anwendung der geteilten Mindmap-Technik bietet der Fremdsprachenunterricht. Die linke Seite des Mindmaps wird gemeinsam mit den Lernenden entweder in deutscher Sprache oder in der Fremdsprache entwickelt. Auf der rechten Seite erfolgt dann die Übersetzung.

Praktische Tipps zur Anwendung

Zum Lernen und als Hausaufgabe wird an die Schüler in der Schule oder die Sprachkursteilnehmer in der Erwachsenenbildung ein halb ausgefülltes Mindmap ausgeteilt.

Zum Vokabellernen bietet sich diese Technik auch sehr gut an. Ergänzen lässt sich die Darstellung durch die Verwendung von unterschiedlichen Farben, die das Behalten und Verknüpfen noch erleichtern.

Darüber hinaus lässt sich die Technik von allen anwenden, die sich in einem Lernprozess befinden, ob bei der Fort- und Weiterbildung, beim Studium oder in der Schule.

4.4 Den ersten Ast als eine richtungsweisende und lenkende Funktion vorgeben

Kreativprozesse haben die Auswirkung, dass allen Ideen freier Lauf gelassen wird, um eine Vielzahl von Lösungsmöglichkeiten zu bekommen.
Es gibt jedoch Fälle, wo dies gar nicht erwünscht und sinnvoll ist. Beispielsweise wird eine Fokussierung auf einen bestimmten Themenkreis angestrebt. In diesem Fall kann man eine Einschränkung derart vornehmen, dass man den ersten Hauptast des Mindmaps vorgibt und die Mitarbeiter damit in eine bestimmte Richtung lenkt.

Es bietet sich an, dass maximal sechs Hauptäste vorgegeben werden. Erarbeitet man alleine ein Mindmap, lässt sich die Vorgehensweise selbstverständlich auch anwenden.

Ein Beispiel könnte so aussehen:

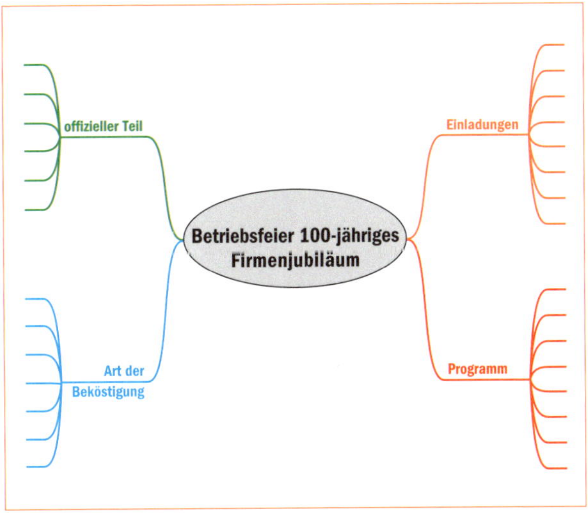

Praktische Tipps zur Anwendung

Geübte und kreative Mitarbeiter arbeiten erst einen Hauptast ab. Fällt dann den Teilnehmern nichts mehr ein, wird der Ast im Uhrzeigersinn gewechselt.

So arbeitet jeder im Laufe der Kreativsitzung an einem Ast. Zum Schluss werden alle Äste für alle freigegeben.

Jetzt oder an einem folgenden Tag wird jeder aufgefordert, noch für fünf Minuten oder zehn Begriffe an dem Mindmap zu arbeiten.

4.5 Freie Technik (ohne Schwerpunkte)

Die bekannteste und am häufigsten verwendete Technik ist die freie Schreibtechnik. Hier wird nur das Thema im Zentrum vorgegeben.

Vorgehensweise
Das Vorgehen ist dann genauso, wie es in Abschnitt 3.9 bereits beschrieben wurde. Man beginnt mit einem Brainstorming. Wie in Kapitel 3.9 vorgestellt, kann dies in klassischer Art und Weise, mit Moderationskarten oder sofort als Mindmap erfolgen.

Typisches Problem
Dadurch, dass die Schwierigkeit gerade für Ungeübte darin besteht, aus den Ideen Oberbegriffe für Hauptäste zu bilden, kommt es leicht dazu, dass die Hauptäste zu differenziert angelegt werden. Hier muss der Moderator steuern. Arbeiten Sie individuell, sollten Sie ein wenig in das Formulieren von Oberbegriffen stecken.

Übung: Jetzt Sie!

Entwickeln Sie ein Mindmap „Betriebsfeier zum 100-jährigen Firmenjubiläum". Nur der Hauptpunkt ist vorgegeben.

Erfassen Sie möglichst alles, woran gedacht werden muss, aber gruppieren Sie die Punkte so, dass Sie nur drei oder vier Hauptäste = Kernaufgabenbereiche haben.

4.6 Thementechnik unter einem Sachaspekt und einer Sichtweise (Optimist – Pessimist – Realist)

Die Thementechnik ist für Anwender hilfreich, die ihren Fokus auf ein bestimmtes Thema eingrenzen möchten. Entweder kann es sich um ein klar abgegrenztes Sachthema oder um eine ausgesuchte kreative Sichtweise handeln. Natürlich kann beides kombiniert werden.
Typische Themen aus dem geschäftlichen Bereich kennen die meisten aus dem Job. Dauerbrenner sind Umsatzsteigerung, Kostensenkung, Neukundengewinnung oder verbesserter Umweltschutz usw.
Bis hier unterscheidet sich die kreative Bearbeitung des Mindmaps noch nicht von der freien Technik mit der Hauptastvorgabe. Die Bearbeitungsvariante der „Thementechnik" führt jedoch eine zweite Betrachtungsebene ein: Die einzelnen Themen werden zusätzlich unter einer speziellen Sichtweise gesehen. Das macht die Sache interessanter und differenzierter. Als Sichtweisen können zum Beispiel die des Optimisten, des Pessimisten, des Realisten oder gar die des Träumers gesehen werden.

Beispiel
Wie schon erwähnt, geht das Herangehen an Themen unter verschiedenen Sichtweisen u.a. auf Walt Disney zurück. Unter den Kreativitätstechniken findet sich seine sog. „Drei-Stühle-Strategie". Man schreibt Walt Disney zu, dass er stets in drei Phasen gedacht hat: als Träumer und Visionär, dann als realistischer Planer und schließlich als konstruktiver Kritiker. Dabei gilt er als Optimist, der seine Projekte immer nach seiner Strategie und in der Regel auch sehr erfolgreich umsetzen konnte.

Die Technik hat auch große Bedeutung, um Szenarien für die Zukunft unter ausgesuchten Betrachtungskriterien zu erstellen.

So werden viele Leser hier aus ihrer beruflichen Praxis eine Anknüpfung daran finden, dass Zukunftsplanungen oftmals in Varianten erfolgen und neben dem nach allen Analysen eigentlich zu erwartenden Erfolg vorsichtshalber auch der „worst case“ betrachtet und in seinen Auswirkungen eingeschätzt wird. Man sollte aber auch niemals das Positive vernachlässigen, was uns dieses Zitat vor Augen führt:

„Menschen mit einer neuen Idee gelten so lange als Spinner, bis sich die Sache durchgesetzt hat.“ (Mark Twain)

In einem Mindmap lassen sich verschiedene Sichtweisen ausgesprochen leicht kennzeichnen: für die Erarbeitung unter der Sichtweise des Pessimisten bietet sich der rote Filzstift an. Zum Optimisten und zum Träumer passt der grüne und zum Realisten der schwarze Filzschreiber.

Praktische Tipps zur Anwendung

Eine häufig benötigte Erarbeitung von Vor- oder Nachteilen ist mit dieser Technik ebenfalls problemlos möglich. Bei größeren Gruppen, z.B. ab sechs Personen, kann eine Gruppe ein Mindmap mit Vorteilen und die andere Gruppe, eins mit Nachteilen aufstellen.

Damit wir jetzt nicht durcheinanderkommen: Pro und Kontra ist die eine Betrachtungsweise, wo wir mit Grün und Rot arbeiten können. Eine optimistische und eine pessimistische Sichtweise ist die andere Betrachtungsweise, zu der diese Farben gleichermaßen passen. Da die meisten Fragestellungen positiv formuliert sind – es soll etwas eingeführt werden, verbessert werden usw. –, entspricht sich das aber oft. Die Optimisten vertreten die Pro-Argumentation („bringt auf jeden Fall was“), die Pessimisten hingegen die Kontra-Argumentation („das geht nie und nimmer, bringt nichts“).

4.7 Rotierendes System bei mehreren Mindmaps

Kreativität hat keine Grenzen und das Ziel ist, mit deren Hilfe viele qualitative und quantitative Einfälle zusammenzutragen. Mindmaps lassen sich dabei auch noch ergänzen oder können zusammengeführt werden.
Um alle Möglichkeiten auszuschöpfen, hat der Moderator die Möglichkeit, eine weitere Effizienzstufe hinzuzunehmen. Dazu knüpfen wir an die zuletzt beschriebene Technik an, nämlich die Pro- bzw. Optimisten-Sichtweise, die Kontra- bzw. Pessimisten-Sichtweise und die realistische Sichtweise nicht in verschiedene Bereiche eines Mindmaps zu schreiben, sondern dafür jeweils eigene Mindmaps anzulegen.

Beispiel: „Kreisverkehr Karlstraße – JA oder NEIN"
Zunächst werden drei Mindmaps angelegt. Statt mit Symbolik führen wir hier einmal vor, wie sich auch mit farblicher Unterscheidung gut arbeiten lässt.

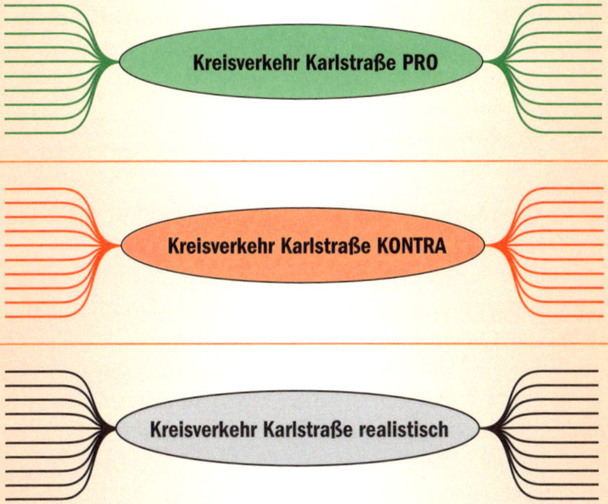

Nachdem diese Mindmaps von unterschiedlichen Parteien ausgefüllt wurden (man benötigt also mindestens drei Personen oder Teams), erweitert der Moderator das Vorgehen: Er lässt die Personen bzw. Teams wechseln, das soll heißen, die Mindmaps werden z.B. im Uhrzeigersinn ausgetauscht. Jetzt sind die Teams aufgefordert, das Mindmap eines anderen Teams zu ergänzen, wozu sie sich die betreffende Rolle zu eigen machen müssen. Damit erreicht der Moderator eine noch größere Transparenz und Ideensammlung. Je mehr Einflussfaktoren betrachtet werden, desto sicherer ist die Entscheidung. Der zusätzliche zeitliche Aufwand ist sehr viel geringer als der zu erwartende Nutzenzuwachs.

Praktische Tipps zur Anwendung

Diese Erweiterungsmöglichkeit steht auch bei den anderen zuvor beschriebenen Techniken offen. Immer dort, wo mehrere Teams entweder an den gleichen oder auch an unterschiedlichen Themen arbeiten, sollte ein Wechsel im Uhrzeigersinn über alle Mindmaps erfolgen.
Besonders dann, wenn nach der Kreativitätsphase die Diskussionsrunde einsetzt, ist es sinnvoll, dass jedes Teammitglied sich mit dem jeweiligen Mindmap vertraut gemacht hat.

4.8 Thementechnik „Optimist – Pessimist – Realist miteinander verbinden"

Wer bereits gute Anwendererfahrung mit Kreativitätstechniken besitzt und sich beispielsweise öfters auf eine „Ideenreise" mit Mindmaps eingelassen hat, kann die bisher beschriebenen Techniken zu einer einzigen zusammenführen. Weitere Voraussetzung dafür ist, dass man auch gut im Team zu arbeiten vermag.
Mit dieser integrativen Erweiterung der Thementechnik steigt man sehr tief in einen Kreativprozess ein. Dazu führt

man konkret die Anwendungsmöglichkeiten aus den Abschnitten 4.6 und 4.7 zu einem einzigen Mindmap zusammen, d.h. man entwickelt das Problem aus allen Sichtweisen innerhalb eines einzigen Mindmaps.

Vorgehensweise

In die Mitte des Blattes wird wie gewohnt das Thema notiert. Die Hauptäste werden vorgegeben oder gemeinsam entwickelt. Ist das erfolgt, liegen allgemeine Lösungsvorschläge vor, die anschließend in Unteräste weiterentwickelt werden können. Bis hierher ist die Vorgehensweise identisch mit der freien Technik.

Nun beginnt der neue Teil. Es folgt die astweise Bearbeitung des Mindmaps unter den festgelegten Sichtweisen der Einzelnen. Mindestens drei Personen müssen dabei zur Verfügung stehen. Der Teamleiter oder der Moderator verteilt die einzelnen Rollen, nämlich Optimist, Realist und Pessimist. Optimist und Pessimist bilden Gegenparts, aber man kann, das ist in den vorherigen Abschnitten schon angeklungen, den Optimisten auch als die Rolle des Träumers definieren. Er steht dann zugleich dem Realisten gegenüber.
Fürs Notieren sind in diesem Fall Farben unerlässlich (am besten grün, schwarz, rot), sonst würde die Darstellung meist sehr unübersichtlich. Außerdem erfüllt der entsprechend farbige Schreibstift eine Funktion als Symbol für die jeweilige Rolle.
Hat nun jeder seine Aufgabe, dann wird die Idee unter den jeweiligen Aspekten niedergeschrieben. Um anschließend alles miteinander zu vereinen, werden jetzt die Stifte im Uhrzeigersinn getauscht. Damit sind die Aufgaben auch neu definiert.
Jetzt steigt man in die zweite Runde ein – die Stiftfarbe beschreibt stets sichtbar und symbolisch die Gedankenrichtung. Das Ganze dreht sich noch einmal, bis jedes Teammitglied alle (drei) Sichtweisen durchlaufen und bearbeitet hat.

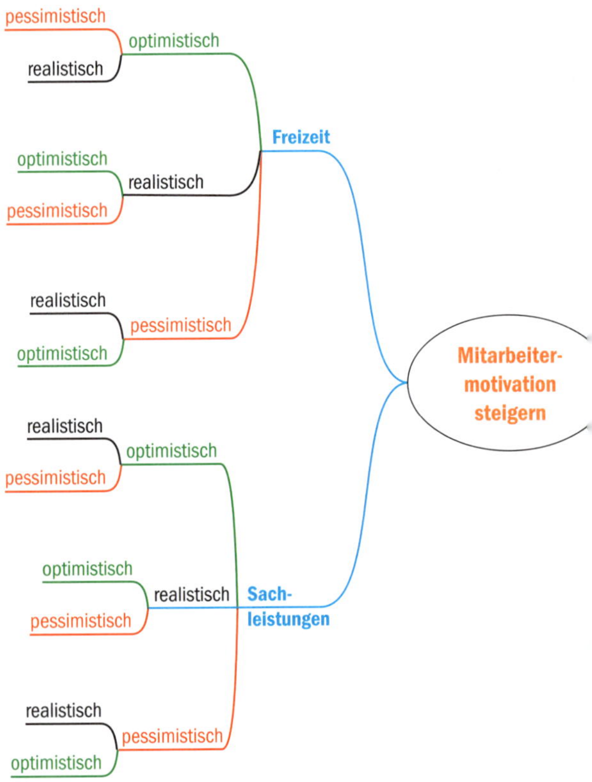
Mitarbeitermotivation steigern
Freizeit
optimistisch
pessimistisch
realistisch
realistisch
optimistisch
pessimistisch
pessimistisch
realistisch
optimistisch
Sachleistungen
optimistisch
realistisch
pessimistisch
realistisch
optimistisch
pessimistisch
pessimistisch
realistisch
optimistisch

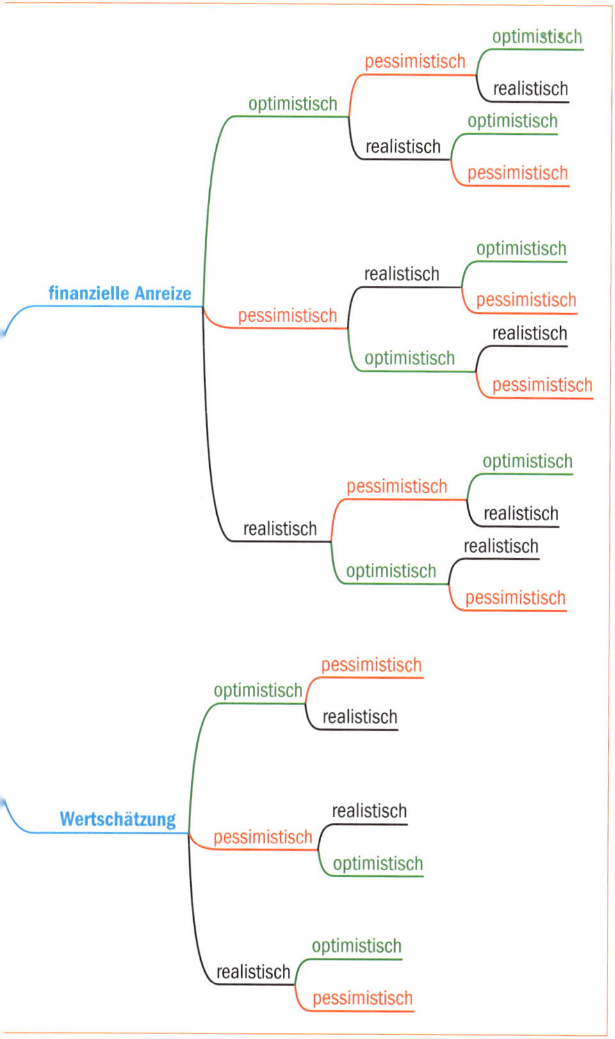
finanzielle Anreize
optimistisch
pessimistisch
optimistisch
realistisch
realistisch
optimistisch
pessimistisch
pessimistisch
realistisch
optimistisch
pessimistisch
optimistisch
realistisch
pessimistisch
realistisch
pessimistisch
optimistisch
realistisch
optimistisch
realistisch
pessimistisch
Wertschätzung
optimistisch
pessimistisch
realistisch
pessimistisch
realistisch
optimistisch
realistisch
optimistisch
pessimistisch

Was entsteht – Beschreibung des Ergebnisses
In den Hauptästen und der oberen Astebene werden Ideen gesammelt, in den nachfolgenden unteren Ebenen des Mindmaps wird das Vorhergehende gleich kommentiert, diskutiert und auch kritisiert.
Das bedeutet, dass beispielsweise auch ein Ast mit träumerischen Einfällen in den Unterästen kritisiert werden kann. Das Ziel ist eine schriftliche Diskussion der erarbeiteten Gedanken.
Bei sehr intensiver Bearbeitung bildet der letzte Unterast einen **Lösungsvorschlag**. Dieser Weg geht damit über die Sammlung und Bewertung von Lösungsvorschlägen hinaus. Beispielsweise aus einem Traum wird eine traumangepasste Realität, die weit über unseren allgemeinen Denkansatz hinausreicht. Am Ende erhält man für jeden Ast ein Ergebnis.

Wie das funktioniert, veranschaulicht das auf der folgenden Seite abgedruckte Mindmap. Es greift das zuvor schon herangezogene Beispiel „Mitarbeitermotivation steigern" auf. Sie sehen dort aber nur die Struktur, und wenn Sie das vorliegende Pocket Training in einem Seminar nutzen, haben Sie hier eine schöne Übungsaufgabe für Ihr Lernteam:

Übung: Jetzt Ihr Team!

Bearbeiten Sie das Thema „Mitarbeitermotivation steigern" nach der oben beschriebenen Thementechnik unter den drei Blickwinkeln in einem einzigen Mindmap.

Übrigens – dass man auch Träume ernsthaft in der Kreativarbeit braucht, behauptete einmal einer, der es wissen musste: *„Wenn eine Idee nicht zuerst absurd erscheint, taugt sie nichts."* Es war kein geringerer als Albert Einstein.

5 Mindmaps in der Praxis

Erinnern Sie sich bitte an die Einleitung. Dort wurden vielfältige Anwendungen des Mindmaps genannt. In den Kapiteln 3 und 4 lag der Schwerpunkt auf Kreativitätstechnik und Problemlösung. Ausführlich wurde auch darauf eingegangen, wie man damit im Team arbeiten kann. Nun wollen wir uns weiteren Anwendungen zuwenden, wobei das Strukturieren und Planen nicht zu kurz kommen soll.
Sofort stellt sich jedoch ein Problem: Mindmaps lassen sich für eine sehr große Zahl von Anwendungen Gewinn bringend nutzen, woraus wir allein aus Platzgründen eine Auswahl treffen müssen. Was liegt näher, als die Auswahl mithilfe eines Mindmaps zu treffen? Im Mindmap auf der folgenden Seite sehen Sie die Anwendungen, die ich als typisch und exemplarisch in dieses Buch aufgenommen habe. Sie dürfen, ja sollen für sich gern umbauen, anders gliedern und andere Sprechweisen dazuschreiben.

Übung: Jetzt Sie!

Übertragen Sie das Mindmap auf ein Blatt DIN A4. Ergänzen Sie ungewohnte Begriffe um die bei Ihnen üblichen. Schreiben Sie also zum Beispiel Besprechungen/Meetings wenn es in Ihrem Umfeld Meetings heißt.
Erweitern Sie dann das Mindmap. Ergänzen Sie noch Hauptäste und differenzieren Sie Unteräste weiter aus.

Jetzt haben Sie vor Augen, wo Sie Mindmaps einsetzen möchten. Die folgenden Abschnitte führen Sie ein, geben Ihnen Impulse. Ich bin sicher, dass Sie sich dann schnell „freischwimmen" werden und es Ihnen leicht von der Hand geht, das Mindmap auch für Anwendungen zu nutzen, die in diesem Buch nicht (mehr) konkret vorgestellt werden.

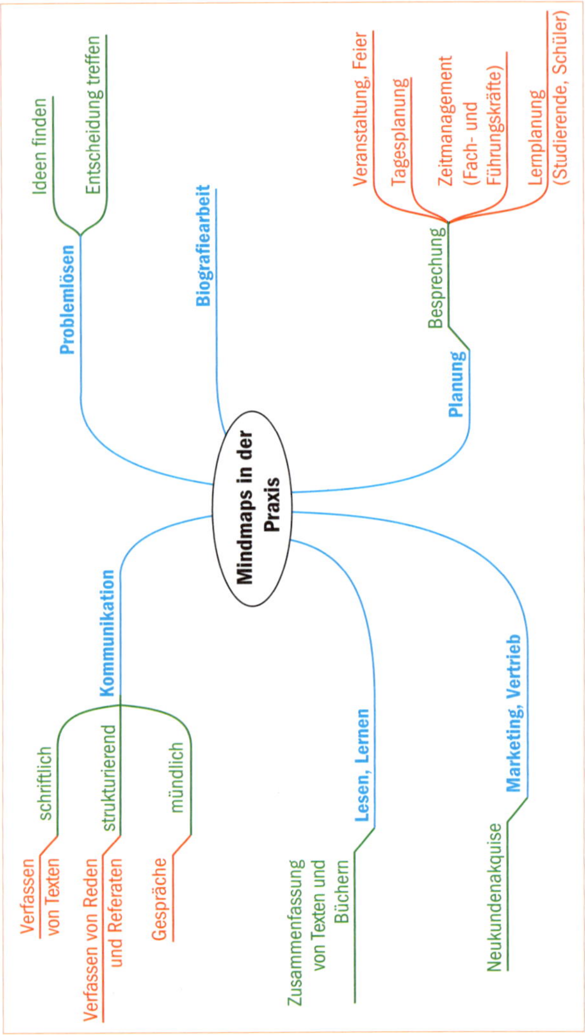
Mindmaps in der Praxis
Problemlösen
Ideen finden
Entscheidung treffen
Biografiearbeit
Planung
Besprechung
Veranstaltung, Feier
Tagesplanung
Zeitmanagement (Fach- und Führungskräfte)
Lernplanung (Studierende, Schüler)
Kommunikation
schriftlich
Verfassen von Texten
strukturierend
Verfassen von Reden und Referaten
mündlich
Gespräche
Lesen, Lernen
Zusammenfassung von Texten und Büchern
Marketing, Vertrieb
Neukundenakquise

5.1 Mindmaps und das Treffen von Entscheidungen

Das Entscheiden ist wiederholt angesprochen worden. Dazu sollte eines klargestellt werden: Mindmaps stellen keine Entscheidungstechnik dar, sie sind nur Grundlage dafür. Eingesetzt als Kreativtechnik, um Lösungsmöglichkeiten für Probleme zu finden, zeigen Mindmaps aber in der Bearbeitung viele verschiedene Lösungen und teilweise eine große Zahl von Alternativen auf.
Bei der Kreativarbeit in großen Gruppen oder sehr komplexen Themen kann man auch mehrere Mindmaps von unterschiedlichen Gruppen zur gleichen Fragestellung entwerfen lassen. Damit vergrößert sich das Ergebnisspektrum noch weiter. Frei nach dem Motto: 20 Personen erreichen mehr Ergebnisse als fünf Personen.
Wenn die kreative Arbeit gemacht ist, sind zwar in der Regel erst eine oder mehrere Lösungsalternativen gefunden, aber dann muss sich ein Entscheidungsprozess anschließen. Dafür gibt es mehrere Möglichkeiten. Unabhängig von der dazu konkret gewählten Entscheidungsmethode hilft das Mindmap wiederum, den Entscheidungsprozess zu systematisieren und Ergebnisse festzuhalten.

Ausgewählte Entscheidungsmethoden

Der erste und naheliegende Weg zum Ziel ist die kritische Würdigung oder anregende Diskussion der Beteiligten. Das harmoniert damit, dass die Lösungsalternativen im kreativen Prozess gefunden wurden. Aber nicht jede Diskussion schließt einvernehmlich. Benötigt werden also Methoden, um zu entscheiden, welche der Ergebnisse aus dem erarbeiteten Mindmap weiterverfolgt werden sollen.

- Das Einfachste, aber in der Regel nicht Zufriedenstellendste, wäre eine Abstimmung per Handzeichen.
- Als Alternative kann vereinbart werden, dass der Moderator oder ein anderer einzelner Entscheider die Entscheidung treffen soll.

- Ein Mindmap verlangt Konsequenzen aus der vorhergehenden Arbeit, weshalb oft eine Gruppenentscheidung als angemessen vereinbart wird.
  Sie lässt sich am besten über Bewertungspunkte erzielen. Das kann per Zettelabgabe, Zuruf o.ä. geschehen oder der Moderator teilt nach der Diskussion bzw. Erläuterung des Erarbeiteten (Klebe-)Punkte aus, die auf das Mindmap geklebt werden.
  Es ist ratsam, an jeden Beteiligten mehrere, z.B. drei bis fünf Punkte, auszuteilen. Dies ermöglicht eine differenzierte Bewertung. Nur ein Punkt pro Person ist witzlos, denn das entspräche nur der Abstimmung per Handzeichen.
- Bei sehr heiß diskutierten oder hochbrisanten Themen kann man die Bewertung auch anonym durchführen lassen. Arbeitet man dabei mit Bewertungspunkten, verteilt jeder seine Punkte einzeln und für andere nicht sichtbar.

Das folgende Mindmap führt das Beispiel „Mitarbeitermotivation steigern“ ein weiteres Mal fort. Darin sind jetzt Bewertungspunkte mit Ziffern und verschiedenen Symbolen dargestellt – natürlich nur exemplarisch für die Methode und ohne dass Sie jetzt die darin zum Ausdruck kommende Sachaussage als perfekt nehmen.

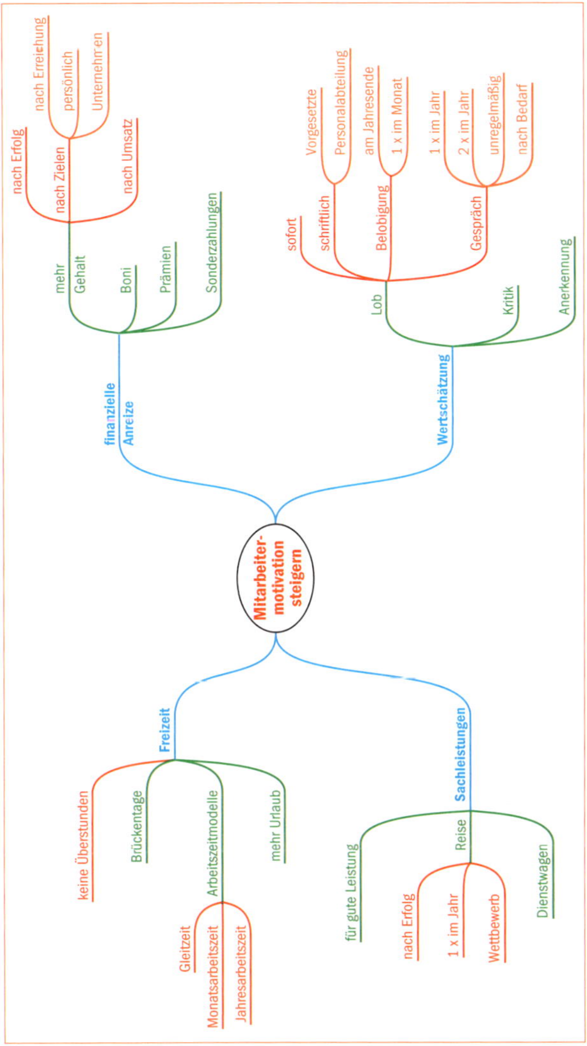
Mitarbeiter-
motivation
steigern
finanzielle
Anreize
mehr
Gehalt
nach Erfolg
nach Zielen
nach Erreichung
persönlich
Unternehmen
nach Umsatz
Boni
Prämien
Sonderzahlungen
Wertschätzung
Lob
sofort
schriftlich
Vorgesetzte
Personalabteilung
Belobigung
am Jahresende
1 x im Monat
Gespräch
1 x im Jahr
2 x im Jahr
unregelmäßig
nach Bedarf
Kritik
Anerkennung
Freizeit
keine Überstunden
Brückentage
Arbeitszeitmodelle
Gleitzeit
Monatsarbeitszeit
Jahresarbeitszeit
mehr Urlaub
Sachleistungen
für gute Leistung
Reise
nach Erfolg
1 x im Jahr
Wettbewerb
Dienstwagen

5.2 Mindmaps zur Planung

Erleichterung bei Besprechungen

Mindmaps lassen sich bei Besprechungen nutzen

- für die Vorbereitung,
- bei der Durchführung und
- zur Nachbereitung einschließlich Protokoll.

Bei der Vorbereitung haben sie eine doppelte Funktion: Sie eignen sich erstens als kreative Technik, um bei der organisatorischen Planung an alles zu denken und um systematisch zu notieren, worum man sich kümmern muss. Das stellen wir zunächst zurück und behandeln es dann im nächsten Abschnitt zusammen mit der Vorbereitung einer Veranstaltung. Zweitens kann man mit einem Mindmap die Agenda der Besprechung, also die Tagesordnungspunkte einschließlich der Zeitangaben, planen und strukturieren.

Bei der Durchführung der Besprechung unterstützt eine als Mindmap vorliegende Agenda ausgezeichnet und sie ist zugleich die Grundlage für ein übersichtliches Protokoll, das während der Durchführung mitgeschrieben und im Zuge der Nachbereitung dann ausgearbeitet wird.

Vorbereitung: Nie wieder unübersichtliche Listen
Vergessen Sie Ihre möglicherweise bisher als „Liste" ausgeführte Besprechungsvorbereitung. Nehmen Sie stattdessen einfach ein Blatt Papier DIN A4, legen Sie es quer und notieren Sie im Zentrum das Hauptthema: Besprechung XY am TT.MM.JJ.
Die Hauptzweige des Mindmaps geben die Unterthemen vor, danach kann man tiefer strukturieren und die Besprechung sehr gut vorbereiten.
Natürlich geht das Ganze auch am Flip-Chart oder mit einer Mindmap-Software.

Sie werden rasch merken: Einer der Vorteile des Mindmaps liegt darin, dass es schnell geht, Sie sofort etwas aufschreiben können und alles, was Sie schon aufgeschrieben haben, jederzeit unkompliziert erweitert werden kann. Ihre Vorbereitung wird sozusagen modularisiert und das bringt den weiteren Vorteil, dass einzelne Teile, wie die teilnehmenden Teilnehmer, auch separat verarbeitet werden können. Jeder Vorbereitungspunkt besitzt einen eigenen Hauptast und dieser kann immer weiter verzweigt werden. Ergänzend kann man auch noch die Zeitplanung mit einbauen und später anhand des Mindmaps die Einladungen an die Teilnehmer abarbeiten. Ein Beispiel-Mindmap könnte so aussehen:

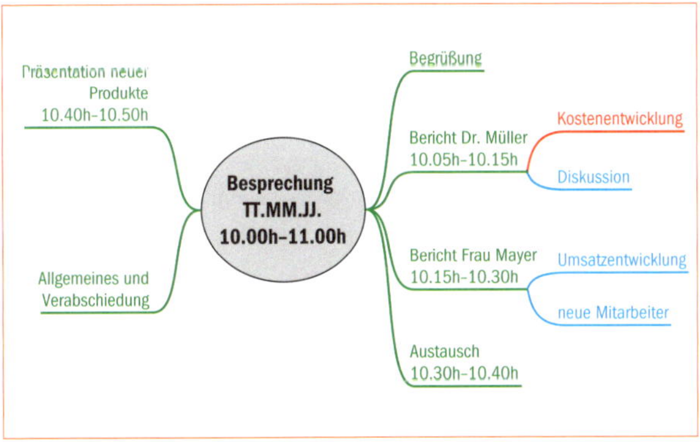

Beispiel einer Besprechungsplanung

Natürlich ist eine Besprechungsplanung stets individuell und Sie sollten die Technik unbedingt in Ihrem Arbeitsumfeld ausprobieren und einüben!

Übung: Jetzt Sie!

Planen Sie eine Besprechung in Ihrer Arbeitsumgebung mit einem Mindmap. Zum Üben können Sie auch eine schon gelaufene Besprechung nachträglich mit der Technik nochmals planen.

Durchführung
Für die Durchführung eignet sich eine Agenda in Form eines Mindmaps hervorragend. Die Tagesordnungspunkte sind klar und übersichtlich gegliedert. Das ist bei verzweigten Tagesordnungen besonders vorteilhaft, weil das Mindmap sofort aufzeigt, an welcher Stelle man sich in der Abarbeitung befindet und zu welchem übergeordneten Punkt man zurückkehrt, wenn ein Unterpunkt abgeschlossen ist.

Protokoll und Nachbereitung
Zum einen gibt die als Mindmap vorbereitete Agenda bereits die Struktur vor, in der die Mitschrift angefertigt wird. Dazu ist es jedoch notwendig, dass die Besprechung diszipliniert und an den Tagesordnungspunkten entlang geleitet wird, damit die Mitschrift im Mindmap möglich ist.
Zum anderen gestattet aber das Mindmap, in einen Aufschrieb überhaupt Struktur hineinzubekommen. Das ist in der Praxis weniger bei Besprechungen notwendig als bei Vorträgen und Redebeiträgen im Allgemeinen.

> Ein Mindmap eignet sich generell als Technik, um bei Vorträgen oder Reden Notizen anzufertigen.

Der Grund liegt auch hier auf der Hand: Das Mindmap bietet Struktur und durch die Anordnung nach Teilästen kann alles jederzeit erweitert werden. Springt der Redner – oder kommt eine Besprechung später nochmals auf einen ursprünglichen Punkt zurück –, kann die Mitschrift dieses Teils dort angefügt werden, wo sie hingehört. Bei sehr viel Stoff ist ein einzelnes Blatt A4 allerdings schnell am Ende und der Mitschreibende muss das Geschick entwickeln, das Mindmap in mehreren Teilen auf mehrere Blätter zu verteilen.
Ob eine Mitschrift als Mindmap direkt als Protokoll verteilt wird, nachgearbeitet wird oder erst noch in ein Fließtextprotokoll umgesetzt wird, hängt naturgemäß von den unterschiedlichen Gepflogenheiten jedes Betriebes ab.
Schauen wir uns zur Veranschaulichung das erweiterte Mindmap unserer obigen Beispielagenda an.

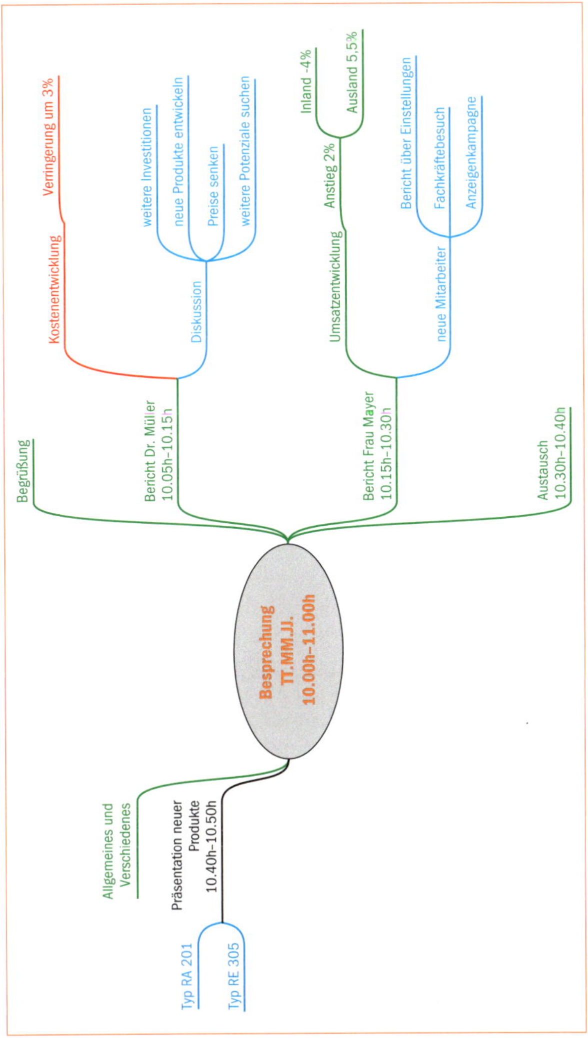
Besprechung
TT.MM.JJ.
10.00h–11.00h
Begrüßung
Bericht Dr. Müller
10.05h–10.15h
Kostenentwicklung
Verringerung um 3%
Diskussion
weitere Investitionen
neue Produkte entwickeln
Preise senken
weitere Potenziale suchen
Bericht Frau Mayer
10.15h–10.30h
Umsatzentwicklung
Anstieg 2%
Inland -4%
Ausland 5,5%
neue Mitarbeiter
Bericht über Einstellungen
Fachkräftebesuch
Anzeigenkampagne
Austausch
10.30h–10.40h
Präsentation neuer
Produkte
10.40h–10.50h
Typ RA 201
Typ RE 305
Allgemeines und
Verschiedenes

Besprechungen, Veranstaltungen, Feiern organisatorisch vorbereiten

Egal, ob Sie eine ausführliche Besprechung, eine Tagung, eine betriebliche oder private Feier vorbereiten – es sind erst einmal die immer gleichen und wenigen Grundfragen, die es zu klären gilt. Die erste Frage lautet „Wer?“, die zweite dann „Was?“, die dritte „Wann?“ und die vierte schließlich „Wo?“ So klar das erscheint – auch Sie haben bestimmt schon einmal eine Einladung erhalten, auf der peinlicherweise ein Teil der Adresse oder der Zeitangabe fehlte ...

Schon die zweite Ebene des Mindmaps fällt dann sehr individuell aus. Bei einer Besprechung ist das „Was“ durch die Agenda geregelt, bei einer Feier kommt das Kulinarische dazu, das mit der Menüplanung beginnt und über die Organisation des Einkaufs bis zum Einsatzplan des Service reicht. Die Agenda umfasst vielleicht eine Reihe von Ansprachen und unterhaltungsseitige Programmpunkte. Wir können hier abbrechen, das reicht Ihnen sicher als Impuls und Sie sind schon bestimmt gut auf der richtigen Spur.

Vielleicht reichen Ihnen die vier genannten Hauptäste nicht, sondern Sie brauchen auch noch das Thema Finanzierung. Oder Sie wollen Finanzierung und Rechte zusammenfassen und hier gleich den Komplex Genehmigungen mit aufnehmen. Oder Sie müssen nur die Musik bei der GEMA anfragen und notieren das schlicht als Subast unter dem Hauptast Programmgestaltung. Sie merken: das Mindmap ist ein sehr flexibles Werkzeug, das Ihnen hilft, an alles zu denken und es in eine für Sie gut brauchbare Struktur zu bringen. Ausfüllen müssen Sie es!

Übung: Jetzt Sie!

Erarbeiten Sie ein Mindmap zur Planung einer Veranstaltung oder Feier. Wählen Sie eine nicht zu kleine Aufgabe und arbeiten Sie, wenn es eben machbar ist, im Team.

Wenn alle Punkte notiert sind, die zur Vorbereitung gehören, muss die Umsetzung anlaufen und dazu wird benötigt, was in der Organisationslehre als Ablauforganisation und als Aufbauorganisation bezeichnet wird.
Mit Ablauforganisation ist die handfeste Ablaufplanung gemeint. Das Mindmap weist eine Reihe konkreter Aufgaben aus und nun muss geplant werden, wie diese abgearbeitet werden, einschließlich einer Zeitplanung. Das ist von der Struktur her nichts anderes als das, was bei einer effektiven Tages- oder Zeitplanung auch ansteht und dem widmet sich der nächste Abschnitt.
In der Aufbauorganisation wird festgelegt werden, wer wofür zuständig ist und wer in übergeordneten Funktionen bestimmte Dinge koordiniert. Das ist mithilfe des Mindmaps schnell und unmittelbar darzustellen – man muss nämlich einfach nur hinter die betreffenden Aufgaben die Namen setzen. Und schon hat sich das Mindmap zum Verzeichnis der „Zuständigen“ erweitert. Oft ist es hilfreich, hier auch gleich eine Kontaktmöglichkeit (E-Mail, Telefon) zu ergänzen.

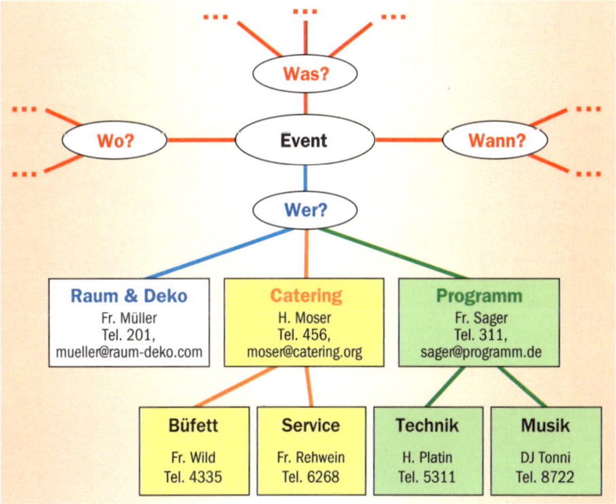

Mindmaps als effektive Tages- und Zeitplanung

Egal, ob Sie mit der Zeitplanung erst anfangen oder schon nach einem System Ihr Selbst- und Zeitmanagement ausrichten: Es mündet in eine Tagesplanung, die Sie am Vorabend oder am Morgen eines jeden Tages zusammenstellen. Gerade moderne Zeitmanagementsysteme gehen davon weg, diese Tagesplanung als lineare Liste mit festen Uhrzeiten anlegen zu wollen. Vielmehr raten sie dazu, nur die terminlich festgelegten Aufgaben (z.B. Besprechungen) uhrzeitlich einzuplanen. Dann nimmt man sich ein oder zwei größere Aufgaben der Kategorie A vor, wobei wir uns hier nicht in die Diskussion einklinken wollen, wie am besten nach Wichtigkeit und Dringlichkeit priorisiert wird. Und schließlich liegt die Liste der Aufgaben Kategorie B dabei, die mehr oder weniger von oben nach unten abgearbeitet wird.
In jedem Fall stecken in Ihrer Tagesplanung unterschiedliche Aufgaben wie Arbeitsvorgänge, Besprechungen, Telefonate, Kommunikation per E-Mail.

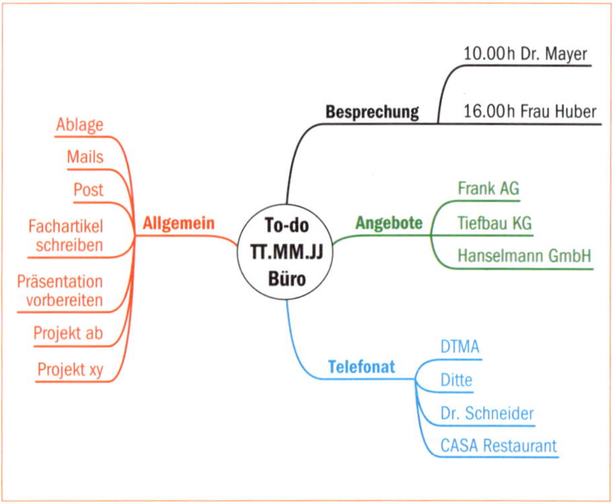

Dieses Beispiel-Mindmap bezieht sich zwar auf den beruflichen Bereich, lässt sich aber gut auf Lernphasen übertragen (Schule, Studium, Weiterbildung). Auch wer privat eine Tagesplanung machen möchte, kann sie auf diese Weise darstellen. Die Anwendung des Mindmaps ist für diese Anwendung mannigfaltig und überaus praktisch.

Prioritätenplanung und Telefonplanung

In Ihrer Vorarbeit für die Tagesplanung steckt Ihre Prioritätenplanung. Diese können Sie natürlich auch im Mindmap zum Ausdruck bringen. Die Prioritäten können hier wunderbar über Farbe, Reihenfolgen oder Zahlenzuordnung der einzelnen Äste erfolgen. Nach Prioritäten geordnet könnte das vorherige Mindmap so aussehen:

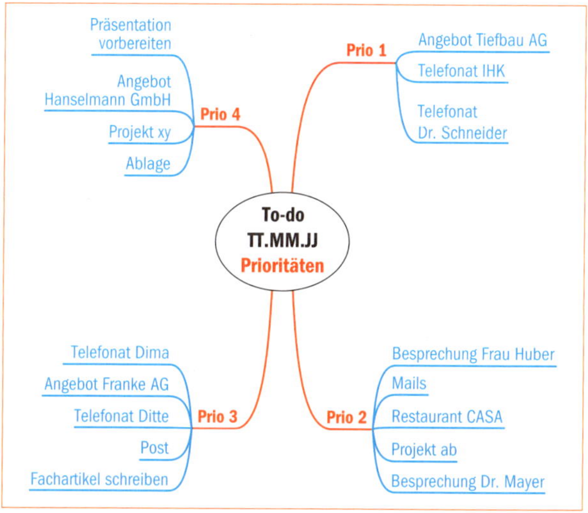

Wenn Sie viel telefonieren, lohnt es sich, ein extra Mindmap für die Telefonate zu erstellen – entweder nach Prioritäten oder auch unter praktischen Gesichtspunkten.

Zeitplanung

Eine Zeitplanung umfasst in der Regel eine Jahres-, Monats-, Wochen- und Tagesplanung. Zahlreiche Zeitmanagementsysteme haben dafür Formularsysteme entwickelt, mit Vor- und Nachteilen. Es liegt bei Ihnen als Anwender, welcher Methode Sie den Vorzug geben. Mindmaps haben die in diesem Buch schon mehrfach genannten Vorteile, allem voran brauchen sie keine Formulare, sondern nur leeres Papier, sie sind übersichtlich und stets erweiterbar. Problemlos können Sie damit Ihre Termin- und Zeitplanung für den Tag und die Woche vornehmen.
Eine Monatsplanung ist auch möglich, doch sollte dafür besser ein großes Blatt Papier (möglichst DIN A3) verwendet werden. Natürlich können auch Schüler und Studierende das Mindmap nutzen, um ihr Lernpensum beispielsweise nach Wochen und Monaten einzuteilen.

Praxistipp: Eine hervorragende Übersicht bietet ein Flip-Chart-Papier, quer gelegt und an einer freien Wand befestigt. Mit einem entsprechenden Stift kann man hier recht übersichtlich seine persönliche Planung vornehmen.

> Generell gilt: Trotz aller Vorteile ist diese Visualisierungstechnik nur für einen begrenzten Zeitraum oder ein Projekt geeignet.

Weitere Anwendung: Zeitdiebe erkennen

Die allermeisten Zeitmanagementstrategien umfassen eine Analyse der Zeitdiebe.

Übung: Jetzt Sie!

Nutzen Sie ein Mindmap, um „Ihre“ Zeitdiebe dingfest zu machen. Das Mindmap hilft Ihnen, assoziativ zu denken und Ihnen werden Zug um Zug bei der Vervollständigung der Äste so ziemlich alle Zeitdiebe einfallen.

Mindmap als Zeit sparendes Instrument für Fach- und Führungskräfte

Natürlich bietet sich für Fach- und Führungskräfte an, das Mindmap in ihre tägliche und wöchentliche Zeitplanung einzubeziehen, so wie dies im vorherigen Abschnitt beschrieben wurde.

> Das Mindmap ist aber zugleich ein gutes Hilfsmittel für die prägnante persönliche Arbeitstechnik.

Führungskräfte müssen häufig Situationen und Tatsachen rasch erfassen, eine Idee schnell niederschreiben und zügig delegieren. Dazu sind oft Anweisungen unter Zeitdruck kompakt zu verfassen.

> Für Kurznotizen und zur Weitergabe von Informationen können kleine Mindmaps sehr gute Anwendung finden.

Hier sind neue Ideen schnell entwickelt und gut weiterleitbar. Man kann ruhig mit Stift und Papier arbeiten, was vielen Menschen nach wie vor am unkompliziertesten von der Hand geht. Kurz eingescannt, ist jedes auch noch so kleine handgeschriebene Mindmap an jeden Mitarbeiter per E-Mail versendbar und kann so ins normale elektronische Kommunikationssystem eingespeist werden.

Umstellung der Arbeitsweise

Ihre volle Wirkung entfaltet die Arbeit mit Mindmaps, wenn auch die Mitarbeiter darin produktiv einbezogen werden. Beispielsweise können auch nur Teile eines Mindmaps vorgegeben werden, die die Mitarbeiter dann ausarbeiten können. Zusätzlich kann eine Führungskraft so Themen und Richtungen kanalisieren, gewünschte und gewollte Bereiche ansprechen und ungewollte damit ausklammern. Diese Arbeitsweise setzt natürlich voraus, dass alle im Betrieb sich der Arbeitsweise anschließen und am besten durch eine Einführung in die Mindmap-Technik auch vorbereitet werden. Wie bei allem Neuen bedarf es der geregelten Einführung.

Mindmaps als Planungsinstrument für Auszubildende, Schüler, Studenten und Fortbildungsteilnehmer

Die Anwendung von Mindmaps beim Lernen bezieht sich wiederum sowohl auf

- die Lernorganisation und Zeitplanung, als auch auf
- die Strukturierung von Lerninhalten.

Beispielsweise haben Auszubildende neben ihrer betrieblichen auch noch die schulische Ausbildung zu bewältigen. Eine Hilfe für die Planung der Hausaufgaben oder das Behalten des Gelernten ist ein einfaches Mindmap. Die Situation in den meisten Fortbildungen liegt analog: Die Teilnehmer besuchen die Kurse und Lehrgänge neben ihrer üblichen beruflichen Tätigkeit und sie müssen sich deshalb sehr effizient organisieren. Das darf keine extra Energie kosten und das Mindmap bietet sich als einfache, aber wirksame Methode besonders gut an.
Selbst Schüler klagen heute über Stress und Arbeitsüberlastung. Das mag mit den vielen schulischen und außerschulischen Aktivitäten zusammenhängen und natürlich sind auch Schüler, gerade in Prüfungsphasen, gefordert, sich mit Arbeitstechniken und Zeitmanagement zu beschäftigen.

> Die tägliche und wöchentliche Lern- und Arbeitsplanung kann sehr einfach und unkompliziert über ein Mindmap erstellt werden.

Über die Tagesplanung hinaus sollten Lernende immer auch eine Wochenplanung vornehmen oder sie als Aufgabe für die nächste Woche in Form eines Mindmaps strukturieren. Ziel ist es, einfach und leicht einen Überblick über die anstehenden Aufgaben zu erhalten und ein Gefühl der Übersicht zu bekommen, um sich nicht mit der permanenten eigenen Organisation beschäftigen zu müssen. Außerdem verbraucht dies Energie, die man besser in das Lernen und Erfüllen der Aufgaben investieren sollte.

Das konkrete Vorgehen

In das Zentrum des Mindmaps schreibt man den Tag und im Uhrzeigersinn werden die einzelnen Aufgabenbereiche an diesem Tag in die Hauptäste geschrieben. Die Vorgehensweise wird am unten stehenden Mindmap deutlich gemacht.
Diese Hauptäste verzweigen sich wieder in Unteräste, die mit den einzelnen Aufgaben belegt werden. Da es sich nicht nur um eine Arbeitseinplanung, sondern auch um Zeitplanung handelt, ist es wichtig, die einzelnen Arbeitsblöcke zusätzlich mit geschätztem Zeitaufwand zu versehen, um so eine brauchbare Übersicht zu erhalten.

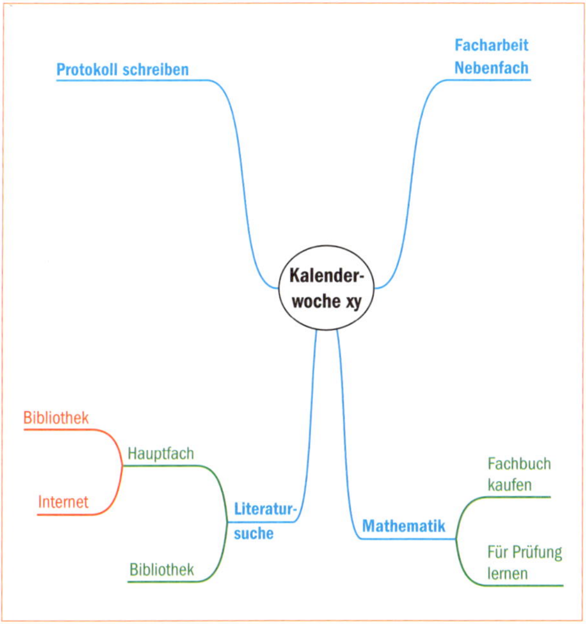

Mindmaps im Unterricht und beim Vokabellernen

Beim Vokabellernen konkurrieren bekanntlich zahlreiche Techniken, zum Beispiel die gute alte Lernkartei, unterschiedlich komplexe PC-Programme und mittlerweile sogar das Handy. Diese Techniken wurden vor allem entwickelt, um das früher übliche Abfragen von Vokabeln zu ersetzen, eine objektive Erfolgskontrolle zu ermöglichen und das Feedback in Berichten zu dokumentieren. All das kann ein Mindmap natürlich nicht bieten. Ein Mindmap hat aber zwei andere, große Vorteile, die gerade beim Lernen sehr deutlich zum Tragen kommen:

1. Die Methode ist einfach und braucht fast keine Hilfsmittel, sie ist überall und unmittelbar, also ohne große Vorbereitung einsetzbar.
2. Die Methode ist gehirngerecht und man kann damit Inhalte strukturieren.

Insbesondere der Vorteil 2 stellt pädagogische Argumente dar, die von vielen Lehrern und Trainern gesehen werden, weshalb Mindmaps vielerorts zum guten Methodenwechsel genutzt werden, der leicht vorzubereiten ist und Lernenden sehr viel Spaß macht. Gerade das Vokabel-Erarbeiten im Unterricht und das Vokabel-Lernen im Nachgang lässt sich innerhalb von Wortfeldern strukturieren. Dabei stehen auf der einen Seite des Mindmaps die deutschen Begriffe und auf der anderen Seite sollen die Lernenden die Übersetzungen schreiben, oder die Begriffe werden hinter die deutschen Wörter geschrieben. Die Technik lässt sich von den ersten Vokabelübungen bis hin zum Lernen mit Erwachsenen gut nutzen. Ein Beispiel für die Darstellung eines Wortfelds finden Sie auf der folgenden Seite.

Lerninhalte übersichtlich darstellen

Generell eignen sich Mindmaps natürlich dazu, Lerninhalte zu strukturieren. Auf der übernächsten Seite finden Sie ein Mindmap, das den Stoff einer Lerneinheit „Textverarbeitung“ aus einem Lehrgang für das Officemanagement übersichtlich vorstellt.

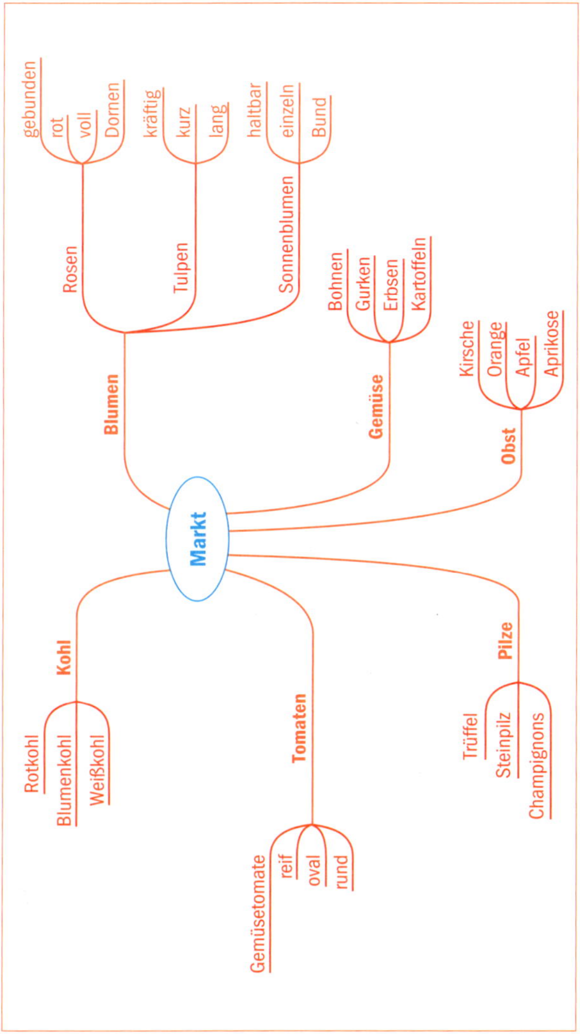
Markt
Blumen
Rosen
gebunden
rot
voll
Dornen
Tulpen
kräftig
kurz
lang
Sonnenblumen
haltbar
einzeln
Bund
Gemüse
Bohnen
Gurken
Erbsen
Kartoffeln
Obst
Kirsche
Orange
Apfel
Aprikose
Kohl
Rotkohl
Blumenkohl
Weißkohl
Tomaten
Gemüsetomate
reif
oval
rund
Pilze
Trüffel
Steinpilz
Champignons

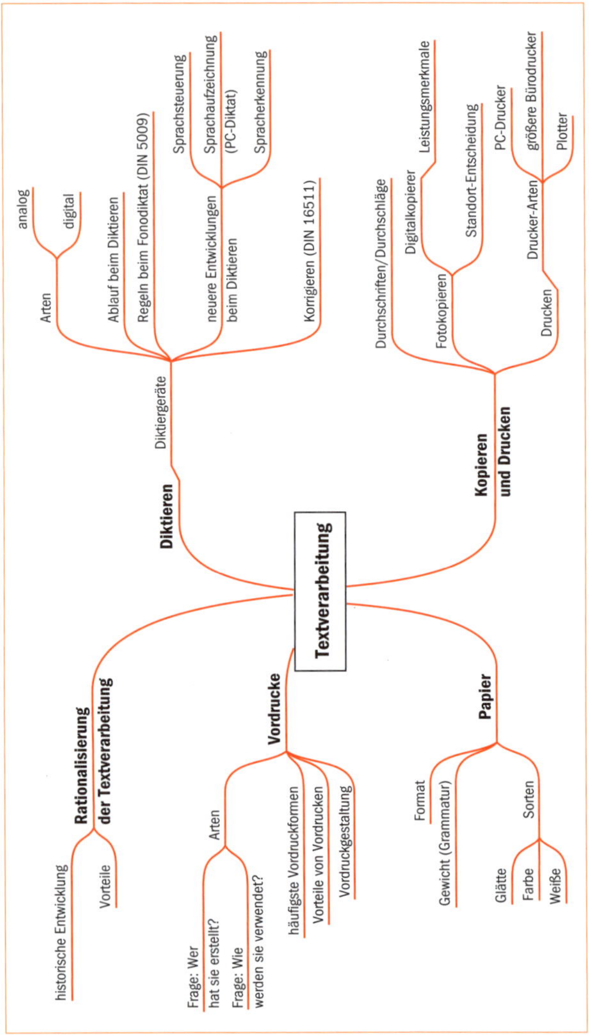

Textverarbeitung
Diktieren
Diktiergeräte
Arten
analog
digital
Ablauf beim Diktieren
Regeln beim Fonodiktat (DIN 5009)
neuere Entwicklungen beim Diktieren
Sprachsteuerung
Sprachaufzeichnung (PC-Diktat)
Spracherkennung
Korrigieren (DIN 16511)
Kopieren und Drucken
Durchschriften/Durchschläge
Fotokopieren
Digitalkopierer
Leistungsmerkmale
Standort-Entscheidung
Drucken
Drucker-Arten
PC-Drucker
größere Bürodrucker
Plotter
Rationalisierung der Textverarbeitung
historische Entwicklung
Vorteile
Vordrucke
Arten
Frage: Wer hat sie erstellt?
Frage: Wie werden sie verwendet?
häufigste Vordruckformen
Vorteile von Vordrucken
Vordruckgestaltung
Papier
Format
Gewicht (Grammatur)
Sorten
Glätte
Farbe
Weiße

5.3 Mindmap als Arbeitstechnik in der Biografiearbeit

Mitarbeiter sozialer Berufe, zum Beispiel in der Altenpflege, im Kindergarten und im Krankenhaus, sind häufig mit Biografiearbeit befasst. Dazu lässt sich die Mindmap-Technik ausgesprochen praktisch anwenden.
Das Ziel ist dabei, die Biografie einer betreuten Person übersichtlich zu erfassen, sodass sie den einzelnen Betreuern als kompakte Dokumentation zur Verfügung steht, dic alles Wesentliche enthält. Eine solche persönliche Aufstellung erreicht man ganz einfach: Die chronologische Abfolge wird durch den Uhrzeigersinn vorgegeben. Dabei wird man je nach Lebensalter oder Zweck unterschiedlich gliedern.

Beispiel
Erzieherinnen erstellen in der Kita für jedes einzelne Kind ein Profil. Dieses muss übersichtlich und für jeden lesbar sein. Außerdem soll man schnell daraus Schlüsse ziehen können. Für jedes Kind wird ein eigenes Mindmap angefertigt, in dem sich schnell und von jedem Mitarbeiter Ergänzungen vornehmen lassen.

Die gute Ergänzbarkeit eines Mindmaps ist dabei ein entscheidendes Kriterium, denn die Erzieherinnen begleiten die Kinder während ihrer Kita-Zeit und unterstützen die kindliche Entwicklung. Sie beobachten die Kinder regelmäßig und notieren die Beobachtungsergebnisse – dann natürlich im Mindmap. So wächst die Darstellung der Biografie mit jedem Kind mit und bietet immer eine Dokumentation auf dem aktuellen Stand.

Mindmaps zur Planung in sozialen Berufen

Natürlich können auch die Mitarbeiter in sozialen und pflegerischen Berufen die vielfältigen Möglichkeiten nutzen, die Mindmaps für eine gute Planung bieten.

Auswahl weiterer Anwendungen

- Erstellung des Wochenplans: Da in diesem Berufsfeld vielfach in einem (festen) Team gearbeitet wird, das ein Wochenprogramm bewältigt, ist ein Mindmap gut geeignet, den Wochenplan – gegliedert nach den einzelnen Programmpunkten – auszuarbeiten.
- Vorbereitung von Angehörigen- und Elternabenden: Das Mindmap dient als Kreativtechnik für Ideen zur Tagesordnung, strukturiert die eigentliche Planung des Abends und hilft als Agenda zur Steuerung bei der Durchführung. Im Team lassen sich die einzelnen Themen unproblematisch erarbeiten und umsetzen. Einzelne Bereiche können unter den Mitarbeitern aufgeteilt werden, ohne dass die ganze Struktur verändert wird.
- Einarbeitung neuer Mitarbeiter: Sachliche und zeitliche Planung des Einarbeitungsprogramms.

5.4 Zusammenfassung von Büchern und Texten

Eine sehr praktische, einfache und sehr effektive Anwendung der Mindmap-Methode liegt in der Zusammenfassung von Texten und Büchern.

Vorgehen

Hier schreibt man das Thema des Textes oder Buches ins Zentrum des Mindmaps. Jedes Kapitel oder jeder zusammenhängende Inhalt erhält einen eigenen Hauptast. Spielt, zum Beispiel bei historischen Büchern, die Zeitachse eine Rolle, kann man die Texte auch nach Jahreszahlen wiedergeben.

> Achten Sie darauf, lieber mehr als zu wenige Stichworte in das Mindmap einzubauen.

Denn der Sinn der Zusammenfassung liegt darin, dass Sie später anhand des Mindmaps den Inhalt wiedergeben können. Nach einer gewissen Zeit lässt sich aber nur noch das reproduzieren, was in Stichwortform vorhanden ist. Vieles, was zunächst im Hinterkopf oder im Kurzzeitgedächtnis vorhanden war, verliert sich in der Regel langsam.

Die Zusammenfassung lässt sich sofort im Lesen der Texte erstellen. Man braucht auch keine Textmarker, um bestimmte Stellen zu markieren oder mit einem Stift etwas zu unterstreichen. Sie notieren als Hauptast beispielsweise die Kapitelüberschrift als Stichwort. Dann lesen Sie eine Passage und überlegen, unter welchem Stichwort Sie den Text als Unterast notieren können. Kommt ein neuer Gedanke, entscheiden Sie, ob es ein paralleler oder ein untergeordneter Gedanke ist.

Sollten sich dann im Laufe des Textes die Priorität verschieben und wichtige Aspekte auftreten, die in der Zusammenfassung an erster oder zweiter Stelle stehen, ist durch eine Nummerierung der einzelnen Äste im ersten Schritt sofort eine Veränderung der Reihenfolge machbar.

Ein „gutes" Buch sollte übrigens so aufgebaut sein, dass seine Abschnitte sachlogisch passend nummeriert sind und praktisch schon die logisch stimmende Struktur des Mindmaps automatisch vorgeben.

Übung: Jetzt Sie!

Lesen Sie sich den folgenden Text durch und formulieren Sie daraus ein Mindmap! Anders als beim Buch oder bei einem Artikel finden Sie darin keine Zwischenüberschriften. Sie sollten üben, selbst eine Struktur zu entwickeln.

Sie finden einen Vorschlag in Form eines Mindmaps in diesem Buch – aber weil es eine Lösung ist, nicht unmittelbar folgend, sondern erst im Anhang (Seite 107).

Die bekanntesten Kreativitätstechniken sind Mindmap, Brainstorming, Brainwriting, Methode 635, die Osborne Checkliste und der morphologische Kasten, um nur einige zu nennen. Sie alle sind leicht zu erlernen und sehr einfach umzusetzen.
Weitere sind die Kartenabfrage oder die Walt-Disney-Methode. Sehr verbreitet ist auch die Clustertechnik. Dabei werden divergentes Denken, unkonventionelles Denken, Einfallsreichtum und Originalität gefördert. Diese Techniken dienen zur Ideenfindung oder Problemlösung, zur Vorbereitung einer Rede, einem Vortrag oder auch zum Lernen.
Sie finden vielseitige Anwendung, wie in der Schule, im Beruf oder auch in der Freizeit.
Arbeiten mit Mindmaps kann allein oder mit mehreren durchgeführt werden. Es ist höchst effektiv, da in kurzer Zeit viele kreative Lösungsalternativen erarbeitet werden. Andere Techniken, wie z.B. die Methode 635 lassen sich nur in der Gruppe erarbeiten.
In der Regel benötigt man dafür nur sehr wenige Materialien. In der Gruppe arbeitet man am Flip-Chart oder an der Metaplanwand mit Moderationskarten und Filzstiften. Für die Einzelarbeit reichen in der Regel ein Stift oder mehrere Farbstifte und ein DIN-A4-Blatt.
Der Zeitaufwand beträgt in der Regel, je nach Thema und Anzahl der Personen, zehn bis 30 Min. Bei der Zusammenfassung von Texten und Büchern kann es natürlich auch länger dauern. Am Flip-Chart sollten nur maximal sechs Personen arbeiten. Andere Techniken erlauben auch die Arbeit mit mehr als zehn Personen, wie z.B. die Metaplantechnik.
Mindmaps als Gruppenarbeit sind in der Regel auf sechs Teilnehmer beschränkt.
Manche Kreativitätstechniken sind in Deutschland noch recht unbekannt. Doch erhalten sie gerade in wirtschaftlich schwierigen Zeiten und Phasen der Zeitknappheit immer mehr an Bedeutung. Umgang mit Mindmaps wird heute auch an Schulen unterrichtet.

5.5 Mindmaps in der Kommunikation

Schriftliche Kommunikation: Das Verfassen von Texten

Beim Verfassen von Texten hilft ein Mindmap bei der Vorarbeit.

> Das Mindmap führt Sie vom Sammeln der Gedanken bis zur Struktur Ihres Textes. Dann erst setzt das eigentliche Schreiben ein.

Vorgehen
Machen Sie beim Erstellen von längeren Artikeln vorher ein Brainstorming und schreiben Sie alle wichtigsten Punkte auf. Wählen Sie daraus die Grundgedanken aus, die Ihre Hauptüberschriften bilden sollen und die Sie im Text verarbeiten wollen. Jetzt haben Sie eine erste Struktur, also auf jeden Fall die Hauptäste Ihres Mindmaps. Dieses füllen Sie nun mit Leben.

Aus einem einfachen Mindmap mit vielleicht acht Hauptästen wird dann ein zweites angefertigt, das sehr umfangreich ist. Dazu sollte ein großes Blatt Papier genommen werden, damit alle angerissenen Gedanken vertieft werden können. Hier bietet sich das Cluster an, eine bekannte Kreativitätstechnik, die als gelenktes, assoziatives Verfahren umschrieben werden kann (siehe zum Beispiel in K. Noack, Kreativitätstechniken, Reihe Pocket Business).
Hauptast für Hauptast steht am Anfang die freie Assoziation zum jeweiligen Begriff, also wiederum ein Brainstorming. Dabei können Sie an die vielleicht schon notierten Unterbegriffe anknüpfen. Hauptast für Hauptast entsteht dann Ihre verfeinerte Struktur.
Das Mindmap sollte sehr umfangreich werden. Denn alles, was Sie zu diesem Thema brauchen, schreiben Sie in das Map mit hinein.

Praxistipp: Lassen Sie sich ruhig ein paar Tage Zeit und erweitern Sie es nach Ideenfluss und Bedarf. Im letzten Schritt formulieren Sie einen Fließtext aus dem Mindmap heraus.

Übung: Jetzt Sie!

1. Wählen Sie sich ein beliebiges Thema und probieren Sie die dargestellte Technik einfach einmal aus.
2. Wenn Schreiben regelmäßig zu Ihren Aufgaben gehört, gehen Sie doch einfach Ihren nächsten Text mithilfe der dargestellten Methode an. Entscheiden Sie anschließend, ob Ihnen die Arbeit besser von der Hand ging und ob Sie öfters oder immer mit Mindmaps arbeiten wollen.
3. Falls das Thema „Zeitmanagement" in Abschnitt 5.2 Sie besonders angesprochen hat, erarbeiten Sie eine Struktur für einen Artikel zu diesem Thema. Nachfolgend finden Sie eine rein alphabetische Liste von Begriffen, die aus einem Brainstorming zum Thema entstanden sein mag. Strukturieren Sie sinnvoll als Mindmap.
   Auf der folgenden Seite finden Sie dazu einen Lösungsvorschlag!

Begriffe zum Zeitmanagement:

- ABC-Analyse
- ALPEN-Methode
- Balkendiagramm
- dringende oder wichtige Termine
- Eisenhower-Prinzip
- elektronische Hilfsmittel/Kalender
- feste und flexible Termine
- kurz-, mittel- oder langfristige Termine
- Pareto-Prinzip
- Pausen
- Planungsmittel
- Tagesrhythmus
- Terminarten
- Terminfindung
- Terminkalender
- Terminkartei
- Terminplanung- und überwachung
- Zeitdiebe

Beispiel: Mindmap als Struktur für einen Text

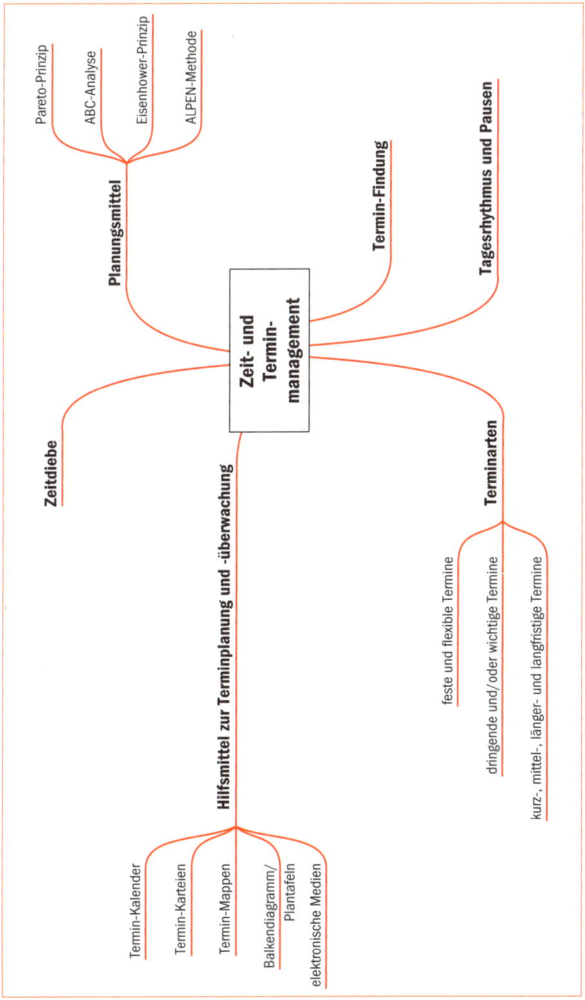

5.6 Verfassen von Referaten, Vorträgen und Reden

Referate und Reden nehmen eine Mittelstellung zwischen Schreiben und Sprechen ein. Vorbereitet wird die Rede natürlich als Text, man schreibt eine Rede. Dennoch ist das Thema nicht als bloßes Verfassen eines Textes zu erledigen. Denn die Rede wird gehalten, das heißt vorgetragen – und das muss man beim Schreiben natürlich beachten. Inhalt, Struktur, Eingehen auf die Zuhörer, ggf. Visualisierungen sind hier die „Aufgaben", die man vorbereiten und abarbeiten muss.

Wie man dabei inhaltlich aufbaut und rhetorisch geschickt vorgeht, ist ein extra Thema, das den Rahmen dieses Buches über Mindmaps sprengt (verwiesen sei dazu zum Beispiel auf H. Malcomess, Rhetorik – souverän und überzeugend reden). Ideenfindung und Struktur leistet aber auch hier hervorragend das Mindmap.

Wenn man „mal schnell" einen Vortrag oder eine Rede vor Kollegen halten muss, soll bzw. muss der Aufwand für die Vorbereitung meist so gering wie möglich sein und man kann den Vortrag zügig mithilfe des Mindmaps komponieren. Im Zentrum steht dabei der Anlass. Die weiteren Stichworte und Ideen lassen sich einfach im Uhrzeigersinn zusammentragen. Dann wird jeder Ast mit weiteren Inhalten gefüllt, bis alle Ideen und Gedanken verarbeitet sind.

Ein Vortrag wird meistens noch mit Bildern oder PowerPoint-Folien untermalt. Jeder Ast beschreibt einen Bereich. So kann man sein weiter gehendes Konzept auch wunderbar im Uhrzeigersinn verarbeiten. Nach Herzenslust kann man seine Gedanken zusammentragen und ggf. priorisieren. Wie bei vielen anderen Anwendungen liegt ein weiterer Vorteil bei der von innen nach außen führenden Auffüllung des Mindmaps – es lässt sich immer noch etwas ergänzen.

Eine Rede bedarf etwas mehr Vorbereitung. Es besteht die Möglichkeit, dass man zuerst in einem Brainstorming nach Themen sucht, die man ansprechen möchte.

Mündliche Kommunikation: Vorbereitung von Gesprächen und Verhandlungen

Typische Beispiele sind Verkaufs- und Preisverhandlungen. Sie bedürfen – wie alle wichtigen Verhandlungen – einer intensiven Vorbereitung. Wenn Sie dazu ein Mindmap nutzen, können Sie Ihre Argumente und die Fassetten Ihrer Strategie gut zusammentragen und strukturiert darstellen.
Beispielsweise bei Preisverhandlungen werden Sie die Reaktionen Ihres Gesprächspartners gedanklich vorwegnehmen und sich für unterschiedliche Fälle rüsten. Erinnern Sie sich bitte an Abschnitt 4.6 zur Thementechnik unter einem Gesichtspunkt. Im genannten Abschnitt ging es um die Betrachtung von Lösungsvarianten, aber das Vorgehen lässt sich übertragen: Sie gliedern die Vorbereitung Ihrer Preisverhandlung nach der optimistischen, realistischen und pessimistischen Sicht. Für jede Sicht entwickeln Sie dann Ihre Argumentationskette. Welche später zum Einsatz kommt, entscheidet sich je nach Verhalten Ihres Gesprächspartners.
Für das Verkaufsgespräch – dazu gibt es natürlich sehr viel Literatur mit sehr vielen Rezepten – werden Sie ebenfalls Hauptargumente bilden, diese verfeinern und sie dann situativ angepasst einsetzen. Die Hauptargumente bilden im Mindmap die Hauptäste, an die die einzelnen Argumente angefügt werden.
Alternativ entwickeln Sie mehrere Mindmaps. Ein Beispiel: Verkaufstrainer dringen darauf, dass Verkäufer zur Argumentation des Nutzens ihres Produkts unbedingt sattelfest sein müssen. Stellen Sie als Verkäufer mittels Mindmap die Produktvorteile aus Kundensicht zusammen. Im Zentrum tragen Sie „Nutzen“ ein. Die einzelnen Hauptäste beschreiben die einzelnen Nutzenarten, wie z.B. die Bedienbarkeit oder Langlebigkeit, Qualität oder Verwendung der Materialien etc. Sich den Nutzen aus Kundensicht zu überlegen, ist ein kreativer Prozess und prädestiniert für die Arbeit mit einem Mindmap – das erst recht, wenn Sie in einem Workshop im Team arbeiten.

5.7 Weitere Anwendungen

Bewerbung

Wer lange keine Bewerbungen geschrieben hat und es (wieder) tun muss, merkt, wie komplex ein Bewerbungsprozess ist. Der Standard ist rasch formuliert und das habe ich für Sie erledigt – siehe nebenstehendes Mindmap. Für einen kreativen Bewerbungsprozess fängt Ihre Arbeit jetzt aber an:

Übung: Jetzt Sie!

Wenn Sie in einer Bewerbungsphase stecken, nutzen Sie das nebenstehende Mindmap wie folgt: Erweitern Sie es, indem Sie zu allen Ästen die nächste Ebene einfügen und alle Punkte individuell ausdifferenzieren. So gewinnen Sie eine Strategie, wie Sie individuell auf Jobsuche gehen, die Bewerbung individuell gestalten und Ihre Selbstpräsentation planen und einüben usw.

Sie können in das Mindmap auch eine Einschätzung schreiben, wo Sie sich zu einem Thema schon fit genug fühlen und wo noch nicht. So erhalten Sie einen Plan, was Sie noch nacharbeiten müssen (z.B. durch Lesen eines Ratgebers, Gespräche oder ein Bewerbungscoaching).

Neukundenakquise

Die Neukundenakquise gehört zu den heiklen und schwierigen Aufgaben von Verkäufern. Über Fachliteratur oder Schulungen erschließen sich Verkäufer eine Strategie, wobei die meisten Strategien eine Akquise in Stufen vorsehen. Deren Umsetzung sollte dann besonders sorgfältig vorbereitet werden – strukturiert und wohl organisiert. Dazu lässt sich das Mindmap gut einsetzen und dieses Buch bietet Anhaltspunkte für mehrere der dabei anstehenden Aufgaben.

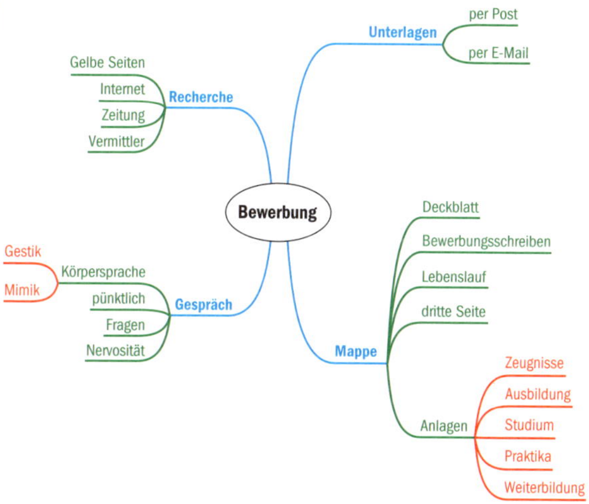
Bewerbung
Unterlagen
per Post
per E-Mail
Recherche
Gelbe Seiten
Internet
Zeitung
Vermittler
Gespräch
Körpersprache
Gestik
Mimik
pünktlich
Fragen
Nervosität
Mappe
Deckblatt
Bewerbungsschreiben
Lebenslauf
dritte Seite
Anlagen
Zeugnisse
Ausbildung
Studium
Praktika
Weiterbildung

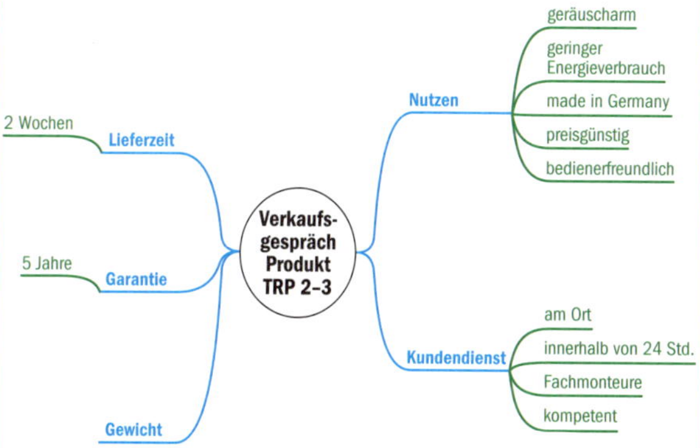
Verkaufs-
gespräch
Produkt
TRP 2–3
Lieferzeit
2 Wochen
Garantie
5 Jahre
Gewicht
Nutzen
geräuscharm
geringer Energieverbrauch
made in Germany
preisgünstig
bedienerfreundlich
Kundendienst
am Ort
innerhalb von 24 Std.
Fachmonteure
kompetent

6 Ort und Zeit

6.1 Wo und wann sind Sie kreativ?

Die besten Ideen hat man nicht immer am Arbeitsplatz. Viele Teilnehmer in meinen Seminaren haben berichtet, dass sie die besten Einfälle in langatmigen Sitzungen hatten.
Die Erfolgsaussichten für eine erfolgreiche und kreative Arbeit hängen vom Umfeld ab. In einer unschönen Atmosphäre kann kein kreativer Geist herrschen. Die Gestaltung des Raumes ist sehr entscheidend. Helle und moderne Räume, in denen man sich wohlfühlt, fördern sicherlich die Fantasie.
Das reicht bis in die Details. Beispielsweise ein altes klappriges Flip-Chart, gebrauchtes Papier – dessen Rückseite noch benutzt wird – oder ausgetrocknete Stifte sind sicherlich weniger motivierend und erfolgsförderlich.
Haben Sie die Möglichkeit sich an einem anderen, geeigneteren Ort im Hause mit neuen Problemen und Aufgaben zu beschäftigen? Wenn ja, dann nutzen Sie sie.

> Verlassen Sie Ihr Territorium und suchen Sie sich einen neutralen Raum, am besten ohne Störungen.

Haben Sie die Möglichkeit sich außerhalb des Büros oder des Hauses zu bewegen? Eine Kreativsitzung oder erfolgreiche Tagung könnten Sie ja mal an einem anderen Ort durchführen. Diese Denkweise hat schon in zahlreichen Betrieben Einzug gehalten und viele Verantwortliche sind überzeugt, dass ein Tagungshotel oder -raum in herrlicher Landschaft, fernab des täglichen Stresses und ohne Störungen, oftmals zu besseren Lösungen und ausgefallenen Ideen führt. Aber das ist natürlich auch eine Frage von Zeit und Kosten.
Denjenigen, denen das alles zu undynamisch ist, empfehle ich eine Wanderung im Kollegenkreis oder alleine. Es kann schon beflügelnd sein, von einem erklommenen Hügel oder Berg den Blick in die Ferne schweifen zu lassen oder auf ei-

nen See oder das Meer zu schauen. Wer fühlt sich hier nicht wohl? Und gerade in dieser Umgebung fällt es einem nicht schwer, auch seine Gedanken schweifen zu lassen.

> Die meisten Menschen haben eher außerhalb der Firmenräume ihre besten kreativen Einfälle.
>
> Bei über 25% ist dies übrigens in der Natur der Fall.

Ein weiterer wichtiger Faktor ist die Tageszeit. Finden Sie heraus, wann Ihre Ideen am kräftigsten sprudeln. Der Frühaufsteher, der den beginnenden Tag bewusst erlebt, kann genauso erfolgreich sein wie derjenige, der die Ruhe und Stille der Nacht genießt und vieles um sich herum vergisst und sich ganz auf seine Arbeit konzentrieren kann.
Wenn Sie Ihre Leistungskurve noch nicht kennen, dann sollten Sie sie herausfinden. Es gibt einen durchschnittlichen Biorhythmus: Die meisten Menschen, die gegen sieben Uhr mit der Arbeit beginnen, verspüren ihre Höchstleistung gegen zehn Uhr. Danach fällt die Leistung kontinuierlich ab. Erst am frühen Abend gegen 18 bis 20 Uhr erreicht man eine zweite Leistungsphase. Diese ist allerdings nicht ganz so ausgeprägt wie die am Vormittag. Aus diesem Grunde kommt man abends zu ganz akzeptablen Ergebnissen.
Die beste Zeit ist der Vormittag, an dem auch die meisten Besprechungen und Kreativsitzungen stattfinden. Allerdings ist die persönliche Leistungskurve sehr individuell und hängt vom üblichen Tagesrhythmus ab.

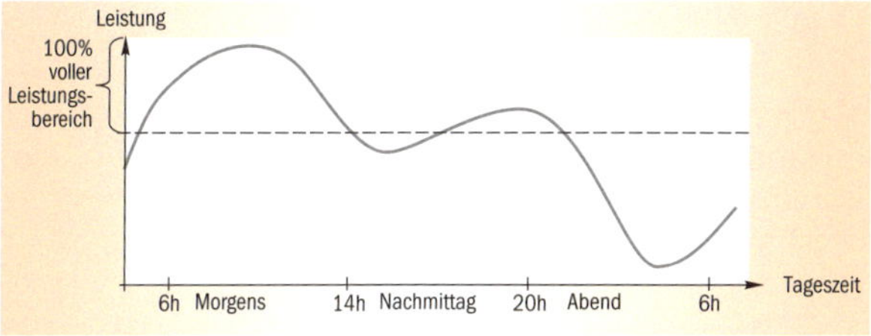

6.2 Entspannung und Energie

Zu einem optimalen Arbeitsumfeld gehört auch, dass man sich Pausen und Entspannungszeiten schafft, um die nächste Arbeitsrunde erfolgreich zu bestehen. Dabei spielt es keine Rolle, ob man sich in einer Lernphase in der Ausbildung oder im Arbeitsprozess befindet.
Ein paar Minuten Entspannung sollte sich jeder gönnen, denn kreative Arbeit ist anstrengend, auch wenn dies oft vordergründig nicht so zu sein scheint. 15 Minuten volle Konzentration führt schnell zur Ermüdung und danach muss der Akku wieder aufgeladen werden.

Individuelle Möglichkeiten zur Leistungserhaltung

Eine geistige Leistung kann außerdem nur unter optimalen Bedingungen erbracht werden. Entspannung können Sie über körperbetonte oder mentale Techniken erreichen. Bekannt sind unter anderem, um einige zu nennen:

- Yoga,
- progressive Muskelentspannung,
- autogenes Training,
- Atemtechniken,
- Pilates und
- Qigong.

Leistungsförderung am Arbeitsplatz und in der Gruppe

> Nehmen Sie die Ratschläge ernst, die zu Besprechungen und Kreativsitzungen im Allgemeinen gegeben werden – in erster Linie sind das: Machen Sie Pausen und sorgen Sie für frische Luft.

Mangelnde Bewegung ist auch nicht zu unterschätzen, deshalb werden Kreativprozesse häufig im Stehen durchgeführt. Die körperliche Bewegung führt auch zu einer größeren geistigen Bewegung.

Ich rate jedem, gerade bei der Ideenproduktion nicht am Stuhl festzukleben, sondern sich in Bewegung zu bringen. Ein kurzer Spaziergang an der frischen Luft, und sei es nur für fünf Minuten, bewirkt einen Energieschub.

Eine Mittagspause ist eine Pause und keine Pufferzeit für unerledigte Aufgaben. Ich halte auch nichts davon, die Pause am Arbeitsplatz zu verbringen. Wer eine sitzende Tätigkeit hat, sollte sich in dieser Zeit ein bisschen bewegen. Der Weg zur Kantine kann nicht nur mit dem Fahrstuhl erreicht werden. Es wäre eine Alternative, die Treppen zu benutzen. Bei der Essenwahl gibt es die Möglichkeit, eine leichte Kost zu sich zu nehmen. Fettes Essen oder Schwerverdauliches ermüdet. Danach werden Sie sicherlich nicht kreativ.

7 Schlussgedanken

„Wirklich innovativ ist nur, wer dorthin geht, wo die anderen nicht sind.“ (Reinhold Messner)

Ganz egal wo Sie sind oder in welcher Situation Sie sich befinden, ein Mindmap lässt sich fast immer und überall erstellen.
Das Buch soll Ihnen eine Hilfestellung geben, Aufgaben und Lösungen einfacher und schneller zu erarbeiten. Sie kommen schneller zum Erfolg, haben sicherlich auch mehr Freude bei der Arbeit und der Entwicklung von Alternativen, innovativen Gedanken und kreativen Lösungen.
Es macht Spaß und fördert im Team die Zusammenarbeit. In diesem Buch finden Sie viele praktische Beispiele dazu. Mindmaps sind dynamisch. Haben Sie beim Lesen noch weitere Anregungen erhalten, ein Mindmap auf eine andere Art und Weise zu entwickeln?

Versuchen Sie es einfach!
Seien Sie kreativ!
Haben Sie Spaß und Freude dabei!

Übung: Jetzt Sie!

Beginnen Sie einfach mit kleinen und übersichtlichen Fragestellungen. Erarbeiten Sie sich Ihre Mindmap-Technik. Bevor Sie mit Freunden oder Kollegen gemeinsam ein Mindmap entwerfen, sollte einer aus der Gruppe erste Erfahrungen haben. Dieser kann dann ein Team zu vielen und kreativen Lösungsansätzen führen.

Dabei entwickelt sich nebenbei eine noch ganz andere Fähigkeit: Man lernt, sich auf neue Gedanken einzulassen, reflektiert stärker und erfährt, wie schön es sein kann, mal

über den Tellerrand hinauszuschauen. Traumschlösser hat jeder schon einmal gebaut. Aber was kann man praktisch davon umsetzen und geht das überhaupt? Ja, es geht! Es gibt immer mehrere Wege, die zum Ziel führen. Einen dieser Wege können Sie mit Mindmap beschreiten.
Es ist ein gutes Gefühl, etwas entwickelt zu haben, auf das man vorher noch nicht gestoßen ist. Etwas Neues für sich zu erfahren motiviert. Anwendungsmöglichkeiten gibt es im Alltag zur Genüge.

„Und, man braucht nicht immer denselben Standpunkt zu vertreten, denn niemand kann einen daran hindern, klüger zu werden.“ (Konrad Adenauer)

Mindmaps erleichtern die Kommunikation und werden durch EDV-gestützte Programme (wie beispielsweise den Mind Manager®) auch für den Arbeitsprozess und über große Distanzen zu einem interessanten Instrument. Mindmap-Präsentationen sind eine Alternative zu PowerPoint-Präsentationen. Bei der Erstellung des Buches und der permanenten Auseinandersetzung mit dem Thema haben sich immer neue Felder aufgetan.
Mir hat es Vergnügen gemacht, dieses Buch für Sie zu schreiben.
Ich wünsche Ihnen viel Freude und Erfolg bei der Umsetzung Ihrer Mindmaps!

Detlef Jäschke

PS: Ich möchte mich bei meiner Frau Stefanie bedanken, die viel Geduld und Verständnis aufgebracht hat. Mein weiterer Dank gilt Elfriede und Heinz.

Anhang

Mindmap am PC

In der Einleitung ist gesagt worden, dass dieses Buch nicht näher auf Mindmap-Software eingeht. Ich möchte aber auf die Möglichkeit hinweisen, Mindmaps am PC zu erstellen. Auf dem Markt gibt es diverse Produkte. Von den käuflich zu erwerbenden ist nach meinem Eindruck das bekannteste der Mind Manager® (Firma Mindjet). Sie können Mindmap-Software z.B. bei Data Becker kaufen. Einfachere und kostenlose Programme kann man aus dem Internet herunterladen, z.B. ist Freemind ein aus meiner Sicht akzeptables Programm.

Ein Vorteil sei herausgestellt: Über große Distanzen können Sie Ihre Ausarbeitungen als Mindmap versenden. Weiterhin lassen sie sich in jeden Text einfügen. Doch rate ich, gerade Ungeübten, vorerst mit Papier und Stiften zu arbeiten. Danach kann man alle elektronisch bearbeiten.

Lösung zu Seite 30 – Vervollständigung des Textes

Die bekanntesten Kreativitätstechniken sind Mindmapping, Brainstorming, Brainwriting und die Methode 635, um nur einige zu nennen. Sie alle sind leicht zu erlernen und sehr einfach umzusetzen.

Dabei wird divergentes Denken, unkonventionelles Denken, Einfallsreichtum und Originalität gefördert. Diese Techniken dienen zur Ideenfindung oder Problemlösung, zur Vorbereitung einer Rede, einem Vortrag oder auch zum Lernen.

Sie finden vielseitige Anwendung, wie in der Schule, im Beruf oder auch in der Freizeit.

Mindmap kann alleine oder auch mit mehreren durchgeführt werden. Es ist höchst effektiv, da in kurzer Zeit viele kreative Lösungsalternativen erarbeitet werden.

Lösung zu Seite 91/92 – Zusammenfassung eines Textes

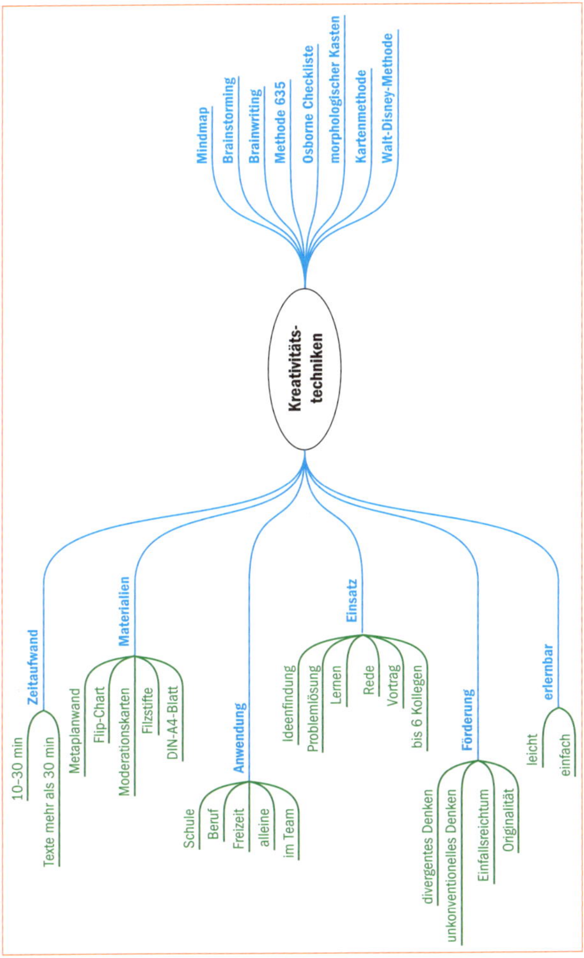

Literatur und Internetadressen

Beyer, Maria: BrainLand – Mind Mapping in Aktion. 4. Auflage. Junfermann. Paderborn 1996.

Brodbeck, Karl-Heinz: Entscheidung zur Kreativität. Wissenschaftliche Buchgesellschaft. Darmstadt 2007.

Buzan, Tony/North, Vanda: Mind Mapping. Der Schlüssel für deinen Lernerfolg. Train Your Brain! 2. Aufl. Wien 2001.

Buzan, Tony: Speed Reading. Schneller lesen – mehr verstehen – besser behalten. 10. unv. Aufl.. mvg. Landsberg am Lech 2005.

Buzan, Tony: Power Brain – Der Weg zu einem phänomenalen Gedächtnis. mvg. Landsberg am Lech 2006.

Buzan, Tony/Buzan, Barry: Das Mind-Map-Buch – Die beste Methode zur Steigerung Ihres geistigen Potenzials. 5. Auflage. mvg. Landsberg am Lech 2005.

Buzan, Tony: Nichts vergessen! Orbis Verlag. München 1993.

Buzan, Tony: Das kleine Mind-Map-Buch. Die Denkhilfe, die Ihr Leben verändert. Wilhelm Goldmann/Random House GmbH. München 2002.

Higgins, James M./Wiese, Gerold G.: Innovationsmanagement. Kreativitätstechniken für den unternehmerischen Erfolg. Springer. Berlin 1996.

Kiefer, Bernd/Rudert, Bettina: Mind Maps® in der Altenpflege. Vincentz Network. Hannover 2003.

Lasko, Wolf W.: Kreative Elite. Vom begrenzten Denken zur originären Innovation. Aurum im Kamphausen. Bielefeld 2008.

Malcomess, H.: Rhetorik – souverän und überzeugend reden. Cornelsen Scriptor. Berlin 2009.

Nagel, Kurt: Kreativitätstechniken in Unternehmen – Das Radar-System. Oldenbourg Wissenschaftsverlag. München 2008.

Noack, Karsten: Kreativitätstechniken. Cornelsen Scriptor. Berlin 2008.

Rehkämper, Gerd/Zilles, Karl: Funktionale Neuroanatomie. Lehrbuch und Atlas. Springer. Berlin 1998.

Rehn-Göstenmeier, Gudrun: Das Einsteigerseminar MindMapping mit dem Mindjet MindManager PRO 7. VMI Buch. Frechen-Königsdorf 2007.

Spektrum der Wissenschaft. Die Evolution des Menschen. Heidelberg 2004

Svantesson, Ingemar: Mind Mapping und Gedächtnistraining. Gabal. Offenbach 1998.

Maria Beyer: Anwendungs-Wissen über Mind Mapping
http://www.mindmap.de.

Stichwortverzeichnis

Über den Autor

Detlef Jäschke, Jahrgang 1960 und Diplom-Kaufmann, war bis 1998 Führungskraft in der Industrie. Seitdem besitzt er ein Beratungsunternehmen mit den Schwerpunkten Führung und Arbeitstechniken. Zu diesen Themen berät er mittelständische Unternehmen. Sein Spezialgebiet umfasst den Bereich der Non-Profit-Organisationen (Verwaltung und Pflege).
Die Entwicklung von Seminaren, Workshops und Vorträgen gehört zu seinem Aufgabenbereich. Die intensive Beschäftigung, Weiterentwicklung und Erarbeitung praktischer Lösungsansätze für verschiedenste Berufsgruppen zum Thema Mindmap haben den Autor veranlasst, dies in einem Buch zusammenzufassen.